Carl-Auer

Ben Furman · Tapani Ahola

Twin Star – Lösungen vom anderen Stern

▼

Zufriedenheit am Arbeitsplatz als Zwilling des Erfolgs

Aus dem Englischen von Astrid Hildenbrand

Carl-Auer-Systeme im Internet: **www.carl-auer.de**
Bitte fordern Sie unser Gesamtverzeichnis an:

Carl-Auer-Systeme Verlag
Weberstr. 2
69120 Heidelberg

Umschlaggestaltung: WSP Design, Heidelberg
Umschlagmotiv: © Ben Furman
Satz: Verlagsservice Hegele, Dossenheim
Printed in Germany
Druck und Bindung: Freiburger Graphische Betriebe, Freiburg i. Br., www.fgb.de

Erste Auflage, 2004
ISBN 3-89670-440-0

Bibliografische Information Der Deutschen Bibliothek
Die Deutsche Bibliothek verzeichnet diese Publikation in der Deutschen Nationalbibliografie; detaillierte bibliografische Daten sind im Internet über http://dnb.ddb.de abrufbar.

Inhalt

Einführung

Ich hasse es, Regeln zu setzen –
man könnte sie ernst nehmen.

Die Menschen in der westlichen Welt sind sich inzwischen der Tatsache bewusst, dass ein stimmiges Arbeitsumfeld und die Zufriedenheit am Arbeitsplatz sehr wichtige Komponenten der Unternehmenskultur sind. Dissonanzen im Betrieb und Bedrücktheit unter den Mitarbeitern haben oft eine hohe Personalfluktuation, viele Fehlzeiten aufgrund von Erkrankungen, vorzeitige Pensionierungen und vor allem mangelnde Kooperation zur Folge. Dies führt wiederum dazu, dass die Mitarbeiter weniger effizient arbeiten, als es ihrer Leistungsfähigkeit und Kompetenz entspricht. Wenn aber die Arbeitsatmosphäre harmonisch und die Zufriedenheit am Arbeitsplatz hoch ist, sind die Mitarbeiter weniger krank und bleiben dem Unternehmen länger erhalten, und die Teams arbeiten besser zusammen. Dies hat auch eine günstige Wirkung auf die Produktivität, da die Mitarbeiter – die wichtigste Ressource eines Unternehmens – unter diesen Bedingungen proaktiver und innovativer sind.

Von daher überrascht es nicht, dass man sich in fast allen Unternehmen auf das Thema Betriebsklima und Zufriedenheit am Arbeitsplatz zu konzentrieren beginnt. Der Markt ist mit allen erdenklichen Studien und Bewertungsinstrumenten überschwemmt, die der Frage nachgehen, wie zufrieden oder unzufrieden, wie glücklich oder unglücklich die Mitarbeiter sind. Diese Instrumente, die man z. B. unter der Bezeichnung „Umfrage zur Zufriedenheit am Arbeitsplatz“, „Mitarbeiterbarometer“, „System zur Kartierung des Arbeitsumfeldes“ oder „Fragebogen über Arbeitsstress“ kennt, sind ganz schnell Bestandteil unseres Arbeitslebens geworden. Unternehmen und Organisationen benutzen solche Instrumente, um den Ursachen von Problemen auf die Spur zu kommen und herauszufinden, wie die Mitarbeiter der verschiedenen Abteilungen miteinander zurechtkommen.

Umfragen über Mitarbeiterzufriedenheit erweisen sich jedoch häufig als ein zweischneidiges Schwert. Denn solche Befragungen demonstrieren bestenfalls, dass ein Unternehmen am Wohlbefinden seines Personals interessiert ist, dass man ein offenes Ohr für die Mitarbeiter hat und Anstrengungen unternimmt, auf der Basis der Umfrageergebnisse das Betriebsklima zu verbessern. Doch in der Praxis sind gut gemeinte Initiativen zur Mitarbeiterbefragung oftmals kontraproduktiv und führen tendenziell zur Verschlechterung des Arbeitsklimas.

Dies kann beispielsweise leicht geschehen, wenn Jahr für Jahr Mitarbeiterbefragungen durchgeführt werden und anschließend keine konkreten Maßnahmen erfolgen, die auf diesen Umfrageergebnissen beruhen. Wenn dies der Fall ist, verlieren die Mitarbeiter rasch den Glauben an solche Umfragen und empfinden das Ausfüllen von Fragebogen als Zumutung. Die Folge ist, dass immer weniger Mitarbeiter derlei Befragungen ernst nehmen, was dann wieder dazu führt, dass die Umfrageergebnisse unzuverlässig sind und sogar ausgesprochen irreführend sein können.

Auch kommt es nicht selten vor, dass die Ergebnisse von Mitarbeiterbefragungen im Betrieb diskutiert werden, weil man herausfinden will, weshalb der eine oder andere Geschäftsbereich schlechter bewertet wird, als es dem Durchschnitt entspricht. In solchen Fällen entwickeln die Mitarbeiter leicht das Gefühl, dass sie kritisiert oder für die Missstände verantwortlich gemacht werden. Und wenn sie sich beschuldigt fühlen, beginnen sie sich zu verteidigen und schieben gerne auch mal den anderen die Schuld zu. Dadurch kann das Betriebsklima noch schlechter werden, als es zuvor schon war. Im schlimmsten Fall ist die Situation dann so, wie wir sie in einem Kaufhaus beobachtet haben: Ein Abteilungsleiter konnte sich nicht erklären, weshalb sich nach der Veröffentlichung der Ergebnisse einer Umfrage über das Betriebsklima eine schlechte Atmosphäre unter den Mitarbeitern entwickelte, wo diese zuvor doch immer harmonisch gewesen war.

Phänomene dieser Art erregten unsere Aufmerksamkeit, als wir uns mit der Frage zu beschäftigen begannen, wie eine positive Arbeitsatmosphäre und ein gutes Betriebsklima geschaffen werden können. Wir wussten beispielsweise in einem bestimmten Fall, dass das Management, die Personalabteilung und das Gesundheitspersonal des Unternehmens ernsthaft daran interessiert waren, das Betriebsklima zu verbessern und das psychische Wohlbefinden der Mitarbeiter zu fördern. Die Methoden, mit denen dieses Ziel erreicht werden sollte, schienen aber eher dazu beizutragen, dass sich die Betroffenen schlechter fühlten als vorher. Auf dieses Phänomen wurden wir ebenfalls aufmerksam, als wir Lehrgänge im Bereich der Kurzzeittherapie durchführten, die von der Vorstellung ausgeht, dass die zur Lösung eines Problems angewandte Methode das Problem oft nur noch schlimmer macht.

Die Kurzzeittherapie ist eine psychotherapeutische Methode, die auf den Gedanken des amerikanischen Psychiaters Milton H. Erickson und des bekannten Anthropologen und Kommunikationswissenschaftlers Gregory Bateson beruht. Der von diesen Wissenschaftlern vertretene Ansatz wurde ursprünglich in den 1960er-Jahren am *Mental Research Institute (MRI)* in Palo Alto, Kalifornien, entwickelt. Zu den bekanntesten Vertretern dieser Methode gehören Jay Haley, Paul Watzlawick, John Weakland und Richard Fish. Die Kurzzeittherapie basiert auf der Annahme, *dass die Probleme, derentwegen Menschen Hilfe suchen, gar nicht ihre eigentlichen Probleme sind. Die eigentlichen Probleme sind die versuchten Lösungen.* In der Konsequenz heißt das: Probleme, die mit dem Verhalten eines Menschen zusammenhängen, können effizient gelöst werden, auch wenn man die Ursachen dieser Probleme überhaupt nicht kennt. In der Kurzzeittherapie wird zunächst eruiert, was die Klienten zur Lösung ihrer Probleme unternehmen, und dann werden Lösungsideen vorgeschlagen, die den Teufelskreis des sich fortpflanzenden Problems durchbrechen.

Da wir wissen, dass die Art und Weise, wie man über Probleme spricht, häufig zu weiteren Problemen führt, begannen wir schon vor Jahren, gezielt nach einer lösungsorientierten Methode zu suchen, mit der wir diese Falle umgehen können. Wir wollten einen methodischen Ansatz und eine Art der Gesprächsführung finden, die es erlauben, dass die Betroffenen gemeinsam nach Lösungen suchen können, statt darüber nachdenken zu müssen, was die Probleme verursacht hat oder wer schuld daran ist. Als wir Ende der 1980er-Jahre den revolutionären Ansatz der *lösungsorientierten Kurzzeittherapie* kennen lernten, wurde uns klar, dass wir das gefunden hatten, was wir gesucht hatten. Der lösungsorientierte Ansatz bietet eine glänzende Antwort auf das Problem der gegenseitigen Schuldzuweisung – denn man muss mit den Klienten nicht direkt über ihre Probleme sprechen. Stattdessen wird die Aufmerksamkeit auf ihre Hoffnungen und Ziele gelenkt und natürlich darauf, wie diese Hoffnungen und Ziele am besten zu erfüllen bzw. zu erreichen sind.

Die lösungsorientierte Psychotherapie ist eine Methode der Kurzzeittherapie, wie sie in den Vereinigten Staaten von Insoo Kim Berg und Steve de Shazer zusammen mit Kollegen und Kolleginnen am *Milwaukee Brief Family Therapy Center* in den 1970er- und 1980er-Jahren entwickelt wurde. Sie ist eine konstruktive, unterstützende Therapiemethode, die durch das Gespräch mit dem Klienten auf die Lösung von Problemen zielt. Dabei konzentriert man sich nicht auf die Probleme, sondern auf die sorgfältige Abklärung der Hoffnungen und Ziele des Klienten, auf die Nutzung verfügbarer Ressourcen und auf die Verstärkung positiver Entwicklungen, die sich abzuzeichnen beginnen. Der lösungsorientierte Ansatz kann nicht nur in der therapeutischen Arbeit angewandt werden, sondern auch im Rahmen der Problemlösung generell sowie im Rahmen der Kindererziehung, der Konfliktlösung, sportlicher Trainingsprogramme, der Förderung gesunder Lebensweisen, der Selbsthilfe – und er kann nicht zuletzt für das Teamtraining und die Personalentwicklung in Unternehmen genutzt werden.

Wir begannen, den lösungsorientierten Ansatz auf andere Bereiche zu übertragen – um beispielsweise die Arbeitsatmosphäre in Betrieben zu verbessern –, und stellten fest, dass seine einfachen Prinzipien auch in diesem Praxisfeld funktionieren. Sobald wir die Zeit mit unseren Kunden nicht mehr darauf verwandten, über ihre potenziellen Probleme zu grübeln, sondern gemeinsam mit ihnen darüber nachdachten, wie sie die Dinge gerne hätten, nahmen unsere Gespräche einen hoffnungsvollen und inspirierenden Ton an. Dabei stellten die Kunden oft fest, dass sie bereits auf dem richtigen Weg waren, und konnten deshalb selbst gute Ansätze zur Lösung ihrer Probleme vorschlagen. Dieses Herangehen an die Lösung von Problemen hatte auch auf uns eine gute Wirkung. Wir sahen unsere Kunden zunehmend in einem positiveren Licht: Wir sahen sie als kompetente und geschickte Menschen, die den Schlüssel zur Lösung ihrer Probleme in den Händen hielten, auch wenn sie das selbst nicht immer wussten.

In den 1990er-Jahren wurden wir immer öfter zur Beratung herangezogen, wenn im Hinblick auf die Arbeitsatmosphäre oder das Betriebsklima Probleme auftauchten. Zu diesen Problemen zählten Phänomene wie z. B.: gedrückte Atmosphäre im Betrieb; schlechter Teamgeist; Schwierigkeiten wegen des Verhaltens eines Mitarbeiters; Spannungen im Verhältnis zwischen Vorgesetzten und Untergebenen; schlechte Ergebnisse in den Umfragen über die Arbeitsatmosphäre im Betrieb; Reibungen und Stockungen in der Teamarbeit; Entstehung von Konflikten, die die Beteiligten nicht allein lösen konnten.

Als wir mit den Mitarbeitern der Unternehmen und Organisationen, für die wir tätig waren, darüber sprachen, wie die Dinge zu verbessern seien, gingen wir natürlich nach dem von uns favorisierten lösungsorientierten Ansatz vor – und es stellte sich bald heraus, dass wir die richtige Wahl getroffen hatten. Die lösungsorientierte Methode kam den Bedürfnissen der Mitarbeiter entgegen. Sie waren sehr erleichtert, dass sie nicht passiv über Probleme nachgrübeln mussten, sondern gemeinsam eine bessere Zukunft entwerfen konnten. Die Gespräche zeichneten sich stets durch eine gute Atmosphäre aus, in der die Beteiligten entspannt diskutieren und alle erdenklichen Ideen zur Problemlösung entwickeln konnten. Selbst Mitarbeiter, von denen man angenommen hatte, dass sie einer Entwicklung des Teams reserviert gegenüberstehen, beteiligten sich im Allgemeinen gern an lösungsorientierten Gesprächen.

Inspiriert von unseren Beobachtungen, erarbeiteten wir detaillierte Leitlinien, die auf lösungsorientierten Prinzipien beruhen und dem Prozess der Teamentwicklung dienen. Nach diesen Leitlinien können Teams ihre Aktivität zur vollen Entfaltung bringen und den Teamgeist verbessern. Wir erstellten ein ganzheitliches, lösungsorientiertes Programm zur Teamentwicklung und machten daraus ein mit *Menestys on joukkuelaji* betiteltes Arbeitsbuch für Teams. In diesem Zusammenhang benutzten wir auch den Begriff „Reteaming“, um damit unsere Methode zu beschreiben.

Reteaming erwies sich als ein sehr erfolgreiches Instrument. Denn damit ist es einer Arbeitsgruppe möglich, ihre Ziele in den Blick zu nehmen, statt sich auf Probleme und Unstimmigkeiten zu konzentrieren, und gemeinsam zu besprechen, wie sie diese Ziele erreichen und ein dem Teamgeist förderliches Umfeld schaffen kann. Reteaming ist ein Prozess, mit dessen Hilfe Probleme in Ziele verwandelt werden und der Menschen motiviert, die von ihnen gesetzten Ziele auch zu erreichen. Der lösungsorientierte Ansatz kann zwar angewandt werden, um in den unterschiedlichsten Entwicklungsprozessen bestimmte Ziele zu erreichen; doch wir haben ihn am häufigsten in Situationen benutzt, in denen die Atmosphäre in einem Team verbessert, der Teamgeist gestärkt oder eine Arbeitsgruppe zur effizienteren Zusammenarbeit motiviert werden sollte.

Aus den praktischen Erfahrungen mit dem Reteaming-Prozess, durch den in zahlreichen Unternehmen und Organisationen das Betriebsklima verbessert werden konnte, haben wir im Laufe der Zeit eine Vorstellung davon entwickelt, welche Faktoren für das psychische Wohlbefinden am Arbeitsplatz entscheidend sind. Obwohl Aspekte wie Bezahlung, Arbeitsbelastung und Karriereaussichten der einzelnen Mitarbeiter selbstverständlich das Wohlbefinden am Arbeitsplatz beeinflussen, sind hier doch die zwischenmenschlichen Beziehungen die entscheidenden Faktoren, die in den Gesprächen mit unseren Kunden immer wieder genannt wurden.

Damit sich die Mitarbeiter an ihrem Arbeitsplatz und im Betrieb wohl fühlen, müssen sie mehr spezifisch positive Erfahrungen und weniger spezifisch negative Erfahrungen machen können. Wir haben Hoffnungen und Bestrebungen von Belegschaften erforscht und erkannt, dass das psychische Wohlbefinden gefördert wird, wenn Mitarbeiter *positive Erfahrungen* machen und wenn *die Bereitschaft zum konstruktiven Umgang* mit Situationen, die die psychische Balance eines Teams bedrohen, vorhanden ist.

Die Tatsache allein, dass jemand sich an seinem Arbeitsplatz recht wohl fühlt, reicht nicht aus, den Zustand des psychischen Wohlbefindens als gesichert zu betrachten. Man muss in Situationen, die das Risiko eines starken Konflikts in sich tragen, auch klug und diplomatisch handeln können. Mit anderen Worten: Es genügt nicht, dass man lernt, wie man sich gegenseitig positive Rückmeldung geben kann; man muss auch lernen, auf einfühlsame und konstruktive Weise Kritik zu üben. Überdies genügt es nicht, dass man sich umeinander kümmert; man muss gegenseitige Kränkungen auch einordnen können, wenn man eine vergiftete Atmosphäre im Team vermeiden will.

Unser Ziel war es, die Faktoren zwischenmenschlicher Beziehung herauszufinden, die einen besonders starken Einfluss auf das psychische Wohlbefinden eines Teams ausüben. Die Ergebnisse unserer Arbeit weisen auf vier Hauptfaktoren hin, die einen positiven Effekt auf das psychische Wohlbefinden am Arbeitsplatz haben; und sie machen auf vier Hauptprobleme aufmerksam, die, wenn sie nicht konstruktiv angegangen werden, das psychische Wohlbefinden eines Teams bedrohen.

Die entscheidenden Faktoren, die zu positiven Erfahrungen und zur Entwicklung kooperativen Verhaltens führen, sind:

- Wertschätzung,
- Spaß (und Humor),
- Erfolg,
- Anteilnahme (und gegenseitige Beachtung).

Die entscheidenden Probleme, die das psychische Wohlbefinden gefährden, sind:

- Probleme (und die Diskussion darüber),
- Kränkungen (kränken und gekränkt werden),
- Rückschläge (und andere Misserfolge),
- Kritik (kritisieren und kritisiert werden).

Dadurch, dass wir diese acht Faktoren in Form zweier übereinander liegender vierzackiger Sterne zusammengeführt haben, ist ein Symbol entstanden, das wir als „Twin Star“ bezeichnen. In unserem Unterricht haben wir dieses Symbol als Hilfsinstrument verwendet und schnell seine Nützlichkeit erkannt, weil es einen umfassenden Überblick über einen Gegenstand bietet, der mit einem einzelnen Konzept nur schwer zu erfassen ist. Der Twin Star wurde zu einem Modell, mit dessen Hilfe man klar und konsequent über einen Gegenstand sprechen kann, ohne dass das Gespräch darüber verwirrend oder chaotisch verläuft.

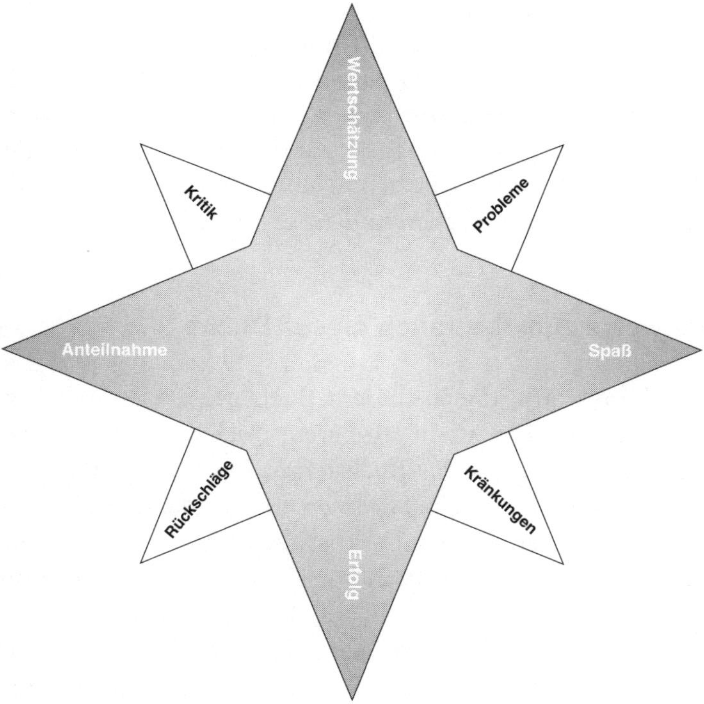

Wir haben danach das praktische Wissen, das sich im Rahmen unserer lösungsorientierten Arbeit und in Zusammenhang mit der Vermittlung von Interaktionsfähigkeiten angesammelt hatte, sortiert und es den einzelnen Zacken des Twin Stars zugeordnet. Dabei haben wir den Stern in einen Kompass verwandelt, der auf die für das psychische Wohlbefinden entscheidenden Faktoren hinweist, und ihn zu einem Instrument gemacht, mit dem man seine Persönlichkeit hinsichtlich dieser Faktoren entwickeln kann. Ursprünglich sollte der Twin Star das Werkzeug sein, mit dem das psychische Wohlbefinden in Teams gefördert wird; doch im Laufe der Zeit hat sich gezeigt, dass sich seine Prinzipien auch dafür eignen, die Merkmale der Kundenbeziehung, die Kompetenz von Vorgesetzten und sogar die Qualität von Paarbeziehungen und persönlichem Alltagsleben zu untersuchen und zu verbessern.

Hinweise zum Gebrauch dieses Buches

Der Leser kann die in diesem Buch präsentierten Ideen natürlich für sich allein studieren; doch seinen besonderen Wert bekommt das Buch dann, wenn die Mitglieder eines Teams es gemeinsam lesen und in der Gruppe darüber diskutieren. Pro Diskussionsrunde sollte jeweils nur eine „Zacke" des Twin Stars behandelt werden, und alle Beteiligten sollten sich vor der Diskussion mit dem jeweiligen Kapitel vertraut gemacht haben. Am Ende eines jeden Kapitels stehen zahlreiche Fragen, die sich für die weitergehende Diskussion als hilfreich erwiesen haben.

Wenn Ihr Team an dem Twin-Star-Modell Gefallen gefunden hat – wie das bei den meisten Teams der Fall ist –, können Sie zielgerichtet mit der Teamentwicklung beginnen und die Richtung der „Zacke" des Twin Stars einschlagen, für die sich Ihr Team entschieden hat. Möglicherweise betrachtet Ihr Team es als hilfreich, wenn es in seiner Arbeit mit dem Twin Star von einem Experten angeleitet und betreut wird; doch Sie können Projekte der Teamentwicklung auch ohne äußere Hilfe erfolgreich durchführen. Damit Ihnen dies gelingt, haben wir am Ende des Buches zahlreiche Leitlinien aufgelistet, die auf der von uns entwickelten Reteaming-Methode beruhen. Lesen Sie diese Leitlinien durch, und machen Sie Gebrauch davon, wenn Sie Ihre Pläne in praktisches Handeln umsetzen. Sie werden rasch bemerken, dass die Anwendung dieser Leitlinien für die Herstellung psychischen Wohlbefindens Ihrem Team nicht nur hilft, sondern auch Spaß macht und inspiriert.

Das in diesem Buch präsentierte Material steht Unternehmen und Organisationen gegen eine Bezugsgebühr auch als Website zur Verfügung. Weitere Informationen über den Twin Star, die dazugehörige Website und über Reteaming – das am Ende dieses Buches beschriebene lösungsorientierte Programm zur Teamentwicklung – erhalten Sie über die Website www.reteaming.com des *Brief Therapy Institute*.

1 Wertschätzung

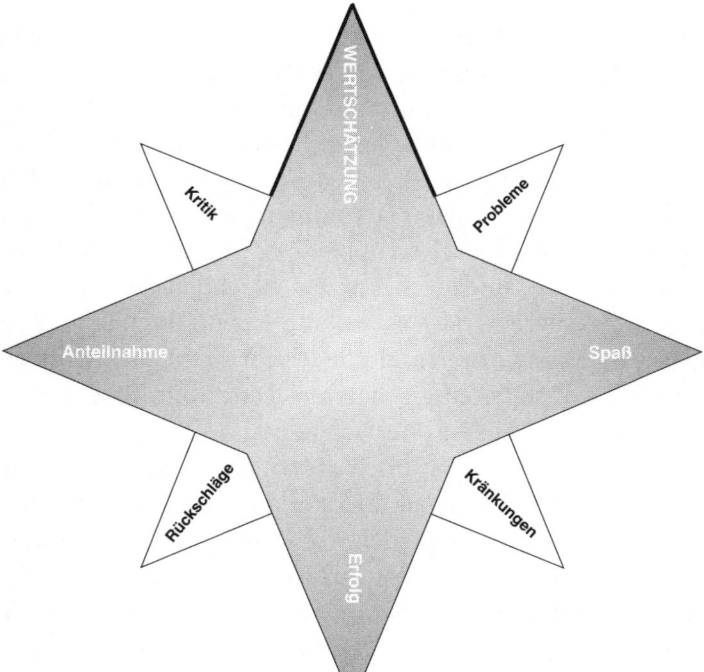

In einem Unternehmen trafen wir uns einmal mit einer Arbeitsgruppe von Experten, um über Teamarbeit allgemein zu sprechen und die Frage zu diskutieren, wie Teamarbeit entwickelt werden kann. Bei unserer Ankunft hatte uns der Gruppenleiter stolz mitgeteilt, dass in dieser Gruppe ein außergewöhnlich guter Teamgeist herrscht. Als wir dann mit der Arbeitsgruppe zusammensaßen, erzählten wir, dass man uns über den guten Teamgeist dieser Gruppe unterrichtet habe, und erkundigten uns, wie es dazu gekommen sei. Die Mitglieder der Gruppe bestätigten uns sofort, *dass* es einen starken Teamgeist gebe, konnten aber nicht sagen, *wie* es dazu gekommen sei. Dann teilten wir die Gruppe in kleinere Gruppen ein, um über diese Frage zu diskutieren, und nach kurzem Nachdenken stimmten alle darin überein, dass es deshalb einen guten Teamgeist gebe, weil die Gruppenmitglieder ihr fachliches Können und Wissen gegenseitig schätzten. Daraufhin beschlossen wir, ihnen das Thema Wertschätzung auf folgende Weise zu präsentieren: „Es ist doch oft so, dass man gegenseitig sein fachliches Wissen und Können in allen Arbeitssituationen schätzt, und trotzdem fühlt man sich unterbewertet. Wie kommt es, dass *Sie* Ihre Wertschätzung den anderen erfolgreich mitteilen können?“ Wiederum konnten sie nicht mit Sicherheit sagen, wie sie dies geschafft hatten, und deshalb gaben wir ihnen mehr Zeit zum Nachdenken. Innerhalb kürzester Zeit waren sie sich darin einig: Der Geist der Wertschätzung war weitgehend der Tatsache zuzuschreiben, dass sich die Teammitglieder häufig gegenseitig um Rat und Hilfe baten.

Wir zeigen anderen Menschen selten unsere Wertschätzung dadurch, dass wir direkt auf sie zugehen und sie frank und frei loben. Wertschätzung ist etwas, das der andere anhand der Art, wie wir mit ihm umgehen, anhand unseres Interesses an ihm und vor allem anhand der Art, wie wir ihm unsere Wertschätzung zeigen, „zwischen den Zeilen“ liest.

Wertschätzung bedeutet, dem anderen zu sagen, dass er wichtig ist und dass seine Arbeit geschätzt wird. Wertschätzung ist der Stoff, der den Menschen Antrieb gibt. Hier gilt die alte Redewendung: Damit ein Mensch lernen und sich entwickeln kann, braucht er für jedes kritische Wort fünf Worte der Ermutigung. Man arbeitet nicht nur, um Geld zu verdienen; wir wollen auch, dass unser Können, unsere Fähigkeiten, unser Fleiß, unsere Sorgfalt, unsere klugen Ideen und unsere Arbeit geschätzt werden.

Wessen Wertschätzung hätten Sie gerne für Ihre Arbeit?

Ein Wissenschaftler hatte zahlreiche Bücher geschrieben, die sich erfolgreich verkauften. Die Gesellschaft überschüttete den Autor mit Anerkennung. Als er kürzlich zu seiner Arbeit befragt wurde, antwortete er jedoch, dass er trotz der gesellschaftlichen Anerkennung und der empfangenen Auszeichnungen darunter leide, von seinen eigenen Kollegen niemals eine positive Rückmeldung auf seine Schriften erhalten zu haben. Er war von vielen gelobt worden, wünschte sich aber die Anerkennung seiner Kollegen.

Kommt Ihnen diese Darstellung vertraut vor? Ja, alle schätzen Ihre Arbeit, nur dieser eine Mensch versagt Ihnen die geringste Anerkennung für Ihre Leistung … „Ich weiß, dass mein Chef meine Arbeit wirklich schätzt, aber es ärgert mich, dass meine Familie nicht zu würdigen scheint, was ich tue." Oder „Meine Kunden schätzen unsere Arbeit wirklich, aber warum kann mein Chef kein Wort darüber verlieren, dass auch er meine Arbeit schätzt?"

Selbstverständlich legen wir Wert darauf, wer unsere Arbeit schätzt. Weil man normalerweise Anerkennung von den Menschen wünscht, die man respektiert und deren Meinung einem wichtig ist, bedeutet einem z. B. die Wertschätzung des direkten Vorgesetzten außerordentlich viel. Doch wir wünschen uns vielleicht auch das positive Feedback unserer Kunden, die zustimmenden Kommentare der Familie zu unserer Arbeit, die anerkennende Rückmeldung der Eltern bezüglich unserer Leistungen oder bestätigende Ansichten und positives Feedback der Kollegen, von denen wir eine hohe Meinung haben. Je klarer wir uns darüber sind, von wem wir uns eigentlich Anerkennung oder positive Rückmeldung wünschen, desto eher können wir dazu beitragen, dass wir das gewünschte Feedback auch wirklich bekommen.

Kann ein Mensch ohne Lob auskommen?

Manchmal wird einem gesagt, wir sollten von anderen nicht erwarten, dass sie unsere Arbeit schätzen, sondern wir sollten lieber selbst unsere Arbeit schätzen lernen. Das klingt schon fast wie der Ratschlag, man solle sich an den eigenen Haaren aus dem Sumpf ziehen. Man kann sich vor den Spiegel stellen und sich immer wieder vorsagen, dass man ein tüchtiger, qualifizierter und fähiger Mensch ist.

Doch kann einem das wirklich helfen, dass man sich selbst mehr wertschätzt? Das Selbstwertgefühl eines Menschen ist davon abhängig, dass er sich und seine fachliche Kompetenz schätzt; aber das Selbstwertgefühl ist in Gefahr, wenn man spürt, dass andere einen nicht wertschätzen.

Ich (Ben Furman) hatte gerade meine ärztliche Prüfung abgelegt und arbeitete Schicht auf der Station eines Gesundheitszentrums. Die Ärzte und das Pflegepersonal hielten einmal wöchentlich eine Stationssitzung ab. Gegen Ende einer dieser Sitzungen meldete sich einmal eine Krankenschwester und sagte, sie empfinde es als Problem, dass die Ärzte die Arbeit des Pflegepersonals nicht wertschätzten. Von den Ärzten nahm zwar niemand Stellung zu dieser Äußerung, aber die meisten von ihnen dachten vermutlich so wie ich damals: „Natürlich schätzen die Ärzte die Arbeit des Pflegepersonals. Die Pflegenden wollen diese Anerkennung nur nicht sehen, weil sie wahrscheinlich ihre eigene Arbeit nicht wertschätzen!“ Im Rückblick schäme ich mich für diesen Gedanken, weil ich inzwischen erkannt habe, dass es unsere Pflicht und Schuldigkeit als Ärzte gewesen wäre, den Pflegenden unsere Wertschätzung zu zeigen.

Durch welche Art positiver Rückmeldung fühlt sich jemand anerkannt?

Von Mitarbeitern hört man sehr oft, dass sie sich im beruflichen Alltag oder am Arbeitsplatz eigentlich mehr positives Feedback wünschen. Doch gewöhnlich erwähnen sie dabei nicht, welche Art positiver Rückmeldung sie sich vorstellen. Natürlich ist es ein angenehmes Gefühl, wenn man wegen seiner Eigenschaften oder seiner Charakterzüge von anderen gelobt wird. Aber derlei Lob ist nicht die Art von positivem Feedback, das im Berufsleben besonders angebracht ist. Hier ist eine spezifische Art positiver Rückmeldung notwendig, die den in Unternehmen und Organisationen Tätigen das Gefühl gibt, dass ihre Leistung im Betrieb oder am Arbeitsplatz geschätzt wird.

Man kann anderen auf vielerlei Arten zu verstehen geben, dass man ihre Arbeit wertschätzt. Beispielsweise kann man es ihnen explizit mitteilen: Es gibt aber noch bessere Möglichkeiten, wie wir anderen unsere Wertschätzung zeigen können, z. B.

- für die Arbeit der anderen Interesse und Neugier zeigen,
- die anderen um Rat oder Unterweisung bitten,
- die anderen um ihre Hilfe bei Vorgängen bitten, die in ihr persönliches Fachgebiet fallen,
- die anderen um ihre Meinung bitten und Interesse an ihrem Standpunkt zeigen,
- den anderen einfach sagen, wie wertvoll ihre Hilfe ist.

Im Allgemeinen ruft eine positive Rückmeldung, die indirekt zum Ausdruck kommt, eher das Gefühl des Geschätztwerdens hervor als direktes und explizites Feedback. Wenn Ihr Chef auf Sie zukäme und aus heiterem Himmel zu Ihnen sagte: „Wissen Sie, ich schätze Ihre Arbeit wirklich sehr“, würde Sie das wahrscheinlich verlegen machen und darüber grübeln lassen, was er mit seiner Aussage eigentlich bezwecken wollte. Wenn Sie dagegen von einem Kollegen zufällig erfahren, dass Ihr Chef mit Ihrer Arbeit rundum zufrieden ist, können Sie sich einfach nur freuen.

Und, ehrlich gesagt, ist diese Art der positiven Rückmeldung auch deshalb viel netter und erfreulicher, weil sie noch von anderen zur Kenntnis genommen wird. Damit lässt sich die Ansicht begründen, dass Kritik unter vier Augen ausgehandelt werden sollte, dass aber Anerkennung und Ermutigung von allen rundherum wahrgenommen werden sollten.

Können Sie positive Rückmeldung akzeptieren?

Manager: „Sie sind wirklich ein wahnsinnig gutes Team. Ich bin so stolz auf Sie alle!“

Ein Mitarbeiter zum anderen: „Geh in Deckung, er hat wieder an einem dieser Führungsseminare teilgenommen!“

Es wird oft behauptet, dass Finnen und generell Europäer unfähig seien, Komplimente zu akzeptieren. Wenn man zu einer Frau sagt: „Sie haben aber ein hübsches Kleid an“, antwortet sie wahrscheinlich: „Nein, nein. Das ist ein hässliches, altmodisches Gewand, aber es ist das einzige, das ich auftreiben konnte!“ Dagegen wird von den Amerikanern häufig gesagt, dass sie positives Feedback begrüßten. Wenn man einer amerikanischen Frau sagt, dass man ihr Kleid hübsch findet, antwortet sie vielleicht: „Danke! Ich finde es auch schön. Deshalb habe ich es gekauft.“

Doch die Zeiten ändern sich. In der europäischen Kultur hat man früher zwar über jeden die Stirne gerunzelt, der sich über positives Feedback herzlich gefreut hat, doch heutzutage hört man immer häufiger, wie man sich für die Komplimente anderer bedankt:

„Was für ein hübsches Kleid." – „Danke für das Kompliment. Die Farbe ist echt nicht schlecht, oder?"

„Sie haben diese Arbeit wirklich gut gemacht!" – „Schön. Ich muss sagen, ich freue mich sehr darüber, wie ich das hingekriegt habe."

Können Sie positive Rückmeldung akzeptieren, oder machen anerkennende Komplimente Sie verlegen und sprachlos? Haben Sie manchmal den Verdacht, dass ein Kompliment nicht ehrlich gemeint sein könnte? Haben Sie in Bezug auf das Akzeptieren positiver Rückmeldung in letzter Zeit Fortschritte gemacht? Gelingt es Ihnen inzwischen besser, ein zaghaftes „Danke" über die Lippen zu bringen, wenn man Ihnen ein Kompliment macht?

Im Allgemeinen gibt es drei Arten, positive Rückmeldung zu akzeptieren. Man kann sich erstens bildlich weigern, das Lob anzunehmen:

„Sie sind wirklich Spitze." – „Nein, bin ich nicht. Sie sind viel besser als ich."

Man kann zweitens das Lob mit Dankesworten annehmen:

„Sie sind wirklich Spitze." – „Danke sehr! Schön zu hören, dass Sie das so sehen."

Man kann drittens – und das ist besonders empfehlenswert –, das Lob annehmen und es in allgemeinen Worten zurückgeben:

„Sie sind wirklich Spitze." – „Danke sehr! Schön zu hören, dass Sie das so sagen. Wissen Sie, es ist nicht schwer, Spitze zu sein, wo alle hier so hilfsbereit sind."

Wenn Sie ein Lob mit Dank annehmen und es in allgemeinen Worten zurückgeben, haben Sie nicht nur selbst ein gutes Gefühl, sondern geben auch den anderen ein gutes Gefühl.

Manche Menschen schreiben das an sie gerichtete Lob sofort anderen zu, ohne dass sie es auf sich selbst beziehen:

„Sie haben das wirklich gut gemacht." – „Danken Sie nicht mir, sondern denen, die den größten Teil der Arbeit geleistet haben."

Eine solch bescheidene und zurückhaltende Reaktion verhindert, dass das konkrete Lob in allgemeinen Dankesworten zurückgegeben wird, und gibt dem Lobenden sehr schnell das Gefühl der Peinlichkeit. Die beste Reaktion auf derlei Anerkennungen ist die, dass man zuerst das Lob annimmt und danach die anderen Beteiligten lobt:

„Sie haben das wirklich gut gemacht." – „Das ist gut zu wissen. Sehen Sie, ich bin den anderen wirklich dankbar, denn sie haben auch schwer gearbeitet und damit die Sache möglich gemacht."

Können Sie positive Rückmeldungen so vermitteln, dass andere sie leicht akzeptieren können?

Sie persönlich können positives Feedback vielleicht akzeptieren, doch es stört Sie womöglich, dass einige Ihrer Kolleginnen und Kollegen sich so schwer damit tun. In diesem Fall sollten Sie den Betreffenden, bevor Sie ihn loben, um

Erlaubnis bitten, ihm lobende Worte sagen zu dürfen. Wenn Sie genau wissen, wofür Sie ihn loben wollen, beginnen Sie mit der Frage: „Haben Sie etwas dagegen, wenn ich Ihnen mal ein bisschen positive Rückmeldung gebe?“

Es ist sehr unwahrscheinlich, dass die betreffende Person darauf z. B. erwidert: „Ja, ich möchte wirklich keine Komplimente gemacht bekommen“, oder „Besser nicht, weil ich es sowieso nicht akzeptieren könnte.“

Der Betreffende wird auf Ihre „Anfrage“ eher so etwas sagen wie: „Warum nicht?“, „Bitte schön!“, oder „Wenn Sie etwas Nettes zu sagen haben, sagen Sie es!“

Wenn Sie nach diesem Verfahren vorgehen, werden Sie merken, dass es so viel einfacher ist, jemanden zu loben.

Können Sie um positives Feedback bitten?

Vielleicht kennen Sie die Geschichte des Mannes, der sich jahrelang unter den Augen seines Chefs abrackerte, der sich nie über irgendetwas beklagte und der niemals auch nur einen Cent für die Überstunden bekam, die er jede Woche leistete. Der Mann lebte in der festen Überzeugung, wenn er auch hier auf Erden keine Entlohnung für all seine Arbeit und Selbstaufopferung bekomme, werde er schon nach seinem Tod im Himmel für sein Engagement und seine Hingabe belohnt werden. Sein ganzes Leben lang lebte er in dem Glauben, dass er seinen Anteil im Jenseits bekomme. Als er dann starb und in den Himmel kam, trug es sich zu, dass der Superrechner, auf dessen Festplatte das *Buch des Lebens* des Mannes gespeichert war, abgestürzt und die Datei mit seinen Lebensdaten unwiederbringlich zerstört war. Im Himmel wurde der Mann zwar nicht schlecht behandelt, erhielt aber niemals eine Anerkennung für seine Jahre der Aufopferung auf Erden.

Diese Geschichte zeigt schlicht und einfach, dass jemand, der auf das Lob und den Dank anderer wartet, vielleicht lange warten kann. Wenn Sie Dank für Ihre Leistung im Betrieb oder am Arbeitsplatz erwarten und nie jemand ein Wort über Ihre Arbeit verliert, können Sie sich damit abzufinden versuchen. Sie können aber auch etwas unternehmen, damit Sie die verdiente Anerkennung bekommen. Die Vorstellung, einen anderen Menschen direkt um Komplimente zu bitten, erscheint manch einem vielleicht unangenehm. Wie ist das bei Ihnen persönlich? Können Sie sich vorstellen, dass Sie zu jemandem sagen: „Das war doch ziemlich gut, nicht?“ oder „Sie brauchen keine Scheu zu haben, mir ein Kompliment zu machen“?

Die meisten Menschen halten es für selbstverständlich, dass sie sich beim Gastgeber für die Einladung oder das schöne Abendessen bedanken. Ein paar Gäste sitzen am Esstisch und lassen sich den herrlichen Rhabarberkuchen der Gastgeberin schmecken. Diese schaut fragend in die Runde und erkundigt sich: „Schmeckt’s?“ Alle wissen, dass dies eigentlich keine Frage ist, sondern der Wunsch nach einem Kompliment. „Absolut großartig“, „Einsame Spitze!“, und „Dein Rhabarberkuchen ist immer wieder ein Genuss.“ Die Gastgeberin wird mit Lob überhäuft, und ihr fragender Gesichtsausdruck weicht einem zufriedenen Lächeln.

Um Komplimente zu bitten ist nicht verkehrt. In einem Unternehmen, für das wir tätig waren, sprachen wir einmal mit einer Gruppe aufgeschlossener Damen über dieses

Thema. Sie erzählten uns, dass sie es sich vor Jahren angewöhnt hätten, einander um positive Rückmeldung zu bitten, wann immer sie das Bedürfnis nach Anerkennung hatten.

Person A: „Ich möchte wirklich nicht viel Aufhebens machen, was diese Verhandlungen betrifft. Aber ich brauche unbedingt Ihre Meinung dazu, damit ich ein besseres Gefühl bei der Sache habe."

Person B: „Wissen Sie, ich habe viele Verhandlungen vermasselt, und es lässt sich einfach nicht an der Tatsache rütteln, dass Sie von allen in dieser Firma am besten verhandeln können."

Person A: „Vielen Dank, Sie können sich nicht vorstellen, wie gut es tut, das zu hören. Ich bin Ihnen dankbar dafür!"

Erfüllen Komplimente ihren Zweck, auch wenn man sie hervorlocken muss?

Eine Mutter, die nach dem Essen zu ihren Kindern sagt: „Nun, wie sagt man?", bringt ihnen schlicht und einfach bei, dass sie „Danke" für ihr Essen sagen sollen. Wenn die Kinder ihrer Mutter für das Essen danken, glaubt sie dann wirklich, dass sie dankbar für die Mahlzeit sind? Das „Danke" der Kinder kommt vielleicht nicht von Herzen, aber die meisten Mütter legen wahrscheinlich immer noch großen Wert auf die – wenn auch mehr oder weniger abgerungenen – Dankesworte ihrer Kinder.

Wie fühlen Sie sich, wenn Sie Ihren Partner bzw. Ihre Partnerin um Anerkennung bitten? Angenommen, die Reaktion ist – *trotz* Ihrer Bitte – ein schönes, ausgedehntes Kompliment. Können Sie das Kompliment dann annehmen, oder glauben Sie, dass er bzw. sie dies nur tut, weil Sie darum gebeten haben? Die meisten Menschen würden sagen, dass Anerkennung einfach gut tut, unabhängig davon, ob man darum gebeten hat oder nicht.

Was würde geschehen, wenn am Ende eines Finanzjahres die Mitglieder eines Teams ihrem Chef verkündeten, dass er ihnen Bestätigung für all die Arbeit geben müsse, die sie im letzten Jahr für die Firma geleistet haben? Wenn ein Chef, der für seinen sparsamen Umgang mit Lob bekannt ist, plötzlich seine Mitarbeiter zu loben beginnt und jedem Angestellten im Beisein der Kollegen seine Anerkennung zuteil werden lässt, würden die Mitarbeiter seine Komplimente begrüßen, oder hätten sie eher das Gefühl, die Situation sei gekünstelt?

Wertschätzung ist ein weit gefasstes Konzept

Wertschätzung ist ein Konzept, das alles umfasst, was mit positiver Rückmeldung zusammenhängt. Doch es beinhaltet noch weitaus mehr. Wenn Sie die anderen Kapitel dieses Buches lesen und die anderen „Zacken" des Twin Stars kennen lernen, werden Sie feststellen, dass der Wertschätzungsaspekt in allen hier diskutierten Faktoren zwischenmenschlicher Beziehung eine Rolle spielt. Wenn im 3. Kapitel die Rede davon ist, dass man die Anerkennung für seine Erfolge mit anderen teilen sollte, ist damit auch gemeint, dass man anderen seine Wertschätzung ihrer Leistung zeigen sollte. Und wenn im 6. Kapitel die Rede davon ist, wie man einem gekränkten Menschen zuhören und sich ihm gegenüber verhalten sollte, ist damit auch gemeint, dass man ihm seine Wertschätzung zeigen sollte. Wertschätzung ist ein Grundelement aller Interaktionen, und darüber hinaus hebt sie das psychische Wohlbefinden der Betreffenden. Wertschätzung heißt grundsätzlich, dass man den anderen beachtet und ihn für seinen Beitrag zu etwas Positivem oder Erfolgreichem lobt.

Wenn Georgier sich zu einem Fest versammeln, ist es Brauch, dass sie eine Person am Tisch als ihren „Tamada" für den Abend wählen. Der Tamada ist der Zeremonienmeister, der als Conférencier fungiert und in einer bestimmten Reihenfolge Dankesworte für den Frieden, für verstorbene Verwandte, für Nachbarn usw. ausbringt. Seine Hauptaufgabe besteht darin, alle Anwesenden reihum für ihre positiven Eigenschaften zu loben. Er darf nichts Negatives oder Unwahres sagen. Wenn die Tischgesellschaft klein ist, haben alle Beteiligten die Gelegenheit, auf jeden Einzelnen zu trinken und eigene Lobesworte auszubringen. Wenn die Tischgesellschaft groß ist, dürfen nur der Tamada und bestimmte Anwesende reden. Bei dem Beisammensein loben die Anwesenden natürlich nur diejenigen, die auf die eine oder andere Weise in die Feierlichkeiten eingebunden sind, und diesem festlichen Brauch haben die Georgier den Namen *Akademia* gegeben.

Fragen für die Diskussion: Wertschätzung

- Welche Art der Wertschätzung ruft bei Ihnen ein besonders gutes Gefühl hervor?
- Wie können Sie um positive Rückmeldung bitten, wenn Sie diese auf anderem Wege nicht bekommen?
- Wie kann jeder auf seine Weise dazu beitragen, dass die Kollegen und Kolleginnen das Gefühl haben, ihre Arbeit wird geschätzt?
- Woran erkennen Sie, dass Ihre Leistung geschätzt wird, wenn man es Ihnen nicht explizit mitteilt?
- Was bedeutet die Redewendung „Wenn man nicht ein Loblied auf sich selbst singt, tut es sonst keiner"?
- Warum macht eine positive Rückmeldung manchmal verlegen?
- Wie viele Komplimente braucht es, damit man nach Kritik oder Tadel wieder den Mut zu neuen Aktivitäten findet?

2 Spaß

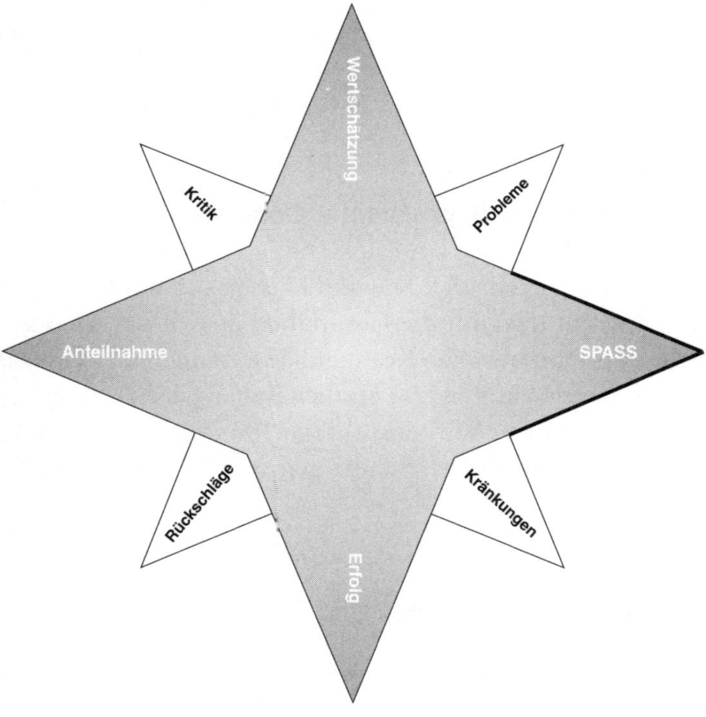
Wertschätzung
Kritik
Probleme
Anteilnahme
SPASS
Rückschläge
Kränkungen
Erfolg

Positive Wirkungen des Humors

Sehr viele Wissenschaftler haben bestätigt, dass Humor, Lachen, Lächeln wie auch Spaß und Spiele generell eine positive Wirkung auf das Wohlbefinden haben. Man sagt, Lachen erhöhe die Lebenserwartung, helfe den Menschen, mit dem Auf und Ab des Lebens fertig zu werden, mache es ihnen möglich, Probleme besser lösen zu können, und fördere die psychische und physische Gesundheit.

Humor fördert die physische Gesundheit

Es ist erwiesen, dass Spaßen und Lachen sich auf vielfältige Weise wohltuend auf die Gesundheit auswirken. Heutzutage setzt man in vielen Krankenhäusern auch den Humor als Heilmittel ein. Diverse Studien haben gezeigt, dass Lachen eine positive Wirkung auf das Immunsystem hat und folglich einen gewissen Schutz gegen Infektionskrankheiten darstellt.

Humor verringert Stress und Erschöpfung

Auf der ganzen Welt setzt man den Humor inzwischen als Medizin gegen Stress ein. Menschen besuchen Seminare, in denen sie lernen, wie man Witze erzählt oder wie man Karikaturen aus Zeitungen präsentiert. Auch die Lachtherapie, bei der Leute in Gruppen zusammenkommen und sich dumm und dämlich lachen, ist heutzutage beliebt.

Humor macht es möglich, Probleme besser lösen zu können

In einer wissenschaftlichen Studie teilte man eine größere Menge von Probanden in zwei Gruppen ein. Beide Gruppen sollten ein herausforderndes intellektuelles Problem lösen. Zur Vorbereitung zeigte man der ersten Gruppe einen Videofilm über effiziente Problemlösung. Der zweiten Gruppe dagegen zeigte man einen Videofilm mit witzigen Sketchen aus einer Comedy-Show. Die Ergebnisse der einzelnen Experimente wiederholten sich: Die Gruppe, die miteinander gelacht hatte, löste das Problem schneller als die Gruppe, die in Problemlösung unterwiesen worden war. Leider nehmen wir oft eine allzu ernsthafte Geisteshaltung ein, wenn wir ernsthafte Probleme lösen sollen. Die Folge ist, dass man seine auf die Problemlösung gerichtete Kapazität – wenn sie besonders dringend gebraucht wird – nicht in dem Maße aktivieren kann, wie es einem unter legereren Bedingungen möglich wäre. Deshalb müssen wir lernen, mit Humor und etwas Spaß an schwierige Dinge heranzugehen, mit denen wir tagtäglich konfrontiert sind.

Humor steigert die Kreativität und den Einfallsreichtum

In Betrieben und Organisationen will man häufig wissen, wie Kreativität, Innovation und Einfallsreichtum am Arbeitsplatz gesteigert werden können. Expertenkommissionen, Befürworter des Mind Mappings, Legionen von

Querdenkern sowie Kreativitätsforscher – um nur einige Akteure in diesem Bereich zu nennen – bieten eine Fülle einschlägiger Methoden an. Doch am besten und billigsten lässt sich die kreative Fähigkeit durch Humor steigern. Wenn man scherzt und Spaß hat, befindet sich das Gehirn automatisch in einem „kreativen Modus". Probieren Sie es aus: Wenn Sie das nächste Mal mit einer Gruppe arbeiten, die ein kreatives Produkt entwickeln soll, beginnen Sie die Sitzung mit einem spaßigen Spiel. Wenn Ihnen selbst nichts Spaßiges einfällt, bitten Sie die Teilnehmer, die besten Witze zu erzählen, die sie auf Lager haben. Beobachten Sie, wie sich eine spaßige und spielerische Einlage zu Beginn der Sitzung auf die Atmosphäre der Gruppe auswirkt. Humor fördert die Kreativität, weil er die Menschen in die Lage versetzt, die Dinge in einem anderen Licht und aus einem anderen Blickwinkel zu sehen.

Humor steigert die Zufriedenheit am Arbeitsplatz

Eine junge Näherin in einer Kleiderfabrik erzählte mir einmal, dass sie so viel Spaß bei der Arbeit habe und diese nicht aufgeben wolle, obwohl sie von ihren Eltern zur beruflichen Weiterbildung gedrängt werde. Als ich sie fragte, weshalb ihr diese Art von Fabrikarbeit so gut gefalle, antwortete sie: „Wir sind hier eine so großartige Gruppe, und wir haben so viel Spaß miteinander!" Selbst eine langweilige Arbeit kann angenehm sein, wenn die Mitarbeiter humorvoll miteinander umgehen und Spaß miteinander haben.

Der Geschäftsführer eines großen Unternehmens nahm an einem Trainingskurs für das gehobene Management teil. In diesem Kurs wurde er mit folgendem Gedanken vertraut gemacht: Eine Unternehmenskultur, in der der Humor eine große Rolle spielt, stellt einen der Faktoren dar, die darüber entscheiden, ob sich ein Unternehmen angesichts des wachsenden Konkurrenzdrucks in der globalisierten Wirtschaft behaupten kann. Als der Geschäftsführer in seinen Betrieb zurückkehrte, berief er eine Sitzung für alle Mitarbeiter ein und erzählte ihnen, was er in dem Kurs gelernt hatte. Er beendete seine Rede mit den Worten: „... also wenn ich jemanden dabei erwische, wie er Spaß und Humor in diesen Laden bringen will, fliegt er raus."

Humor ermutigt zur Interaktion

Teamarbeit und eine enge Kooperation zwischen den Mitarbeitern sind für ein Unternehmen nicht nur etwas Wünschenswertes – sie sind ein absolutes Muss. Und nichts hält ein Team besser zusammen als der gemeinsame Sinn für Spaß und Humor. Mit Humor läuft vieles wie geschmiert, z. B. Gespräche, Unterhaltungen, Diskussionen. Man geht lieber da einkaufen, wo der Kassierer hin und wieder einen Witz reißt. Es macht mehr Spaß, mit humorvollen Kollegen und Kolleginnen zu arbeiten. Und Trainer oder Ausbilder, die ihren Unterricht spaßig gestalten, kommen mit den Kursteilnehmern immer besser zurecht.

Humor führt die Menschen zusammen

Außerdem führt der Humor die Menschen zusammen. Wenn eine Gruppe längere Zeit miteinander arbeitet, entwickeln ihre Mitglieder eine gemeinsame kodierte Sprache. Dann braucht einer nur ein bestimmtes Wort oder eine bestimmte Wendung zu benutzen, um die anderen zum Lachen zu bringen – dies hätte bei jemandem, der nicht zur Gruppe gehört, seine Wirkung verfehlt. Vielleicht kennen Sie die Geschichte von dem Gefangenen, der noch nicht lange im Gefängnis ist und sich darüber wundert, weshalb die seit längerem Einsitzenden sich gegenseitig Zahlen zurufen und dann in Gelächter ausbrechen. Nach einer Weile kapiert er, dass sich jede Zahl auf einen Witz bezieht, den die anderen Gefangenen schon kennen. Nach einer Weile kann der Neuling dieses raffinierte System bereits selbst ausprobieren. Er wartet einen günstigen Augenblick ab und brüllt dann lauthals „SECHS!", worauf nur eine bleierne Stille folgt. „Was war daran falsch?", fragt er verstört seine Mitgefangenen. „Ist die Nummer sechs wirklich ein so schlechter Witz?" Einer der Gefangenen antwortet: „Nein, der Witz an sich ist eigentlich recht gut, aber es ist die Art und Weise, wie du ihn erzählt hast."

Die andere Seite des Humors

Häufig sind Spaß und Humor jedoch recht fragwürdiger Natur, z. B. wenn man auf Kosten anderer seine Scherze macht, wenn man andere hänselt oder verspottet, wenn man einen vernichtenden Sarkasmus pflegt. Fragwürdiger

Humor lässt sich leicht daran erkennen, dass man *über* andere lacht und nicht *mit* ihnen. Die Betroffenen sind dabei Zielscheibe des Spotts und werden gedemütigt. Die Fragwürdigkeit von Humor ist ein heikles Thema; denn zweideutiger Humor kann zeitweilig als lustig empfunden werden, dann aber umkippen und zutiefst verletzend sein.

Vor ein paar Jahren führten die Mitglieder einer Gruppe, die Tapani Ahola und ich trainiert hatten, einen Sketch auf, um das Ende ihres Kurses zu markieren. In diesem Sketch ahmten sie uns Lehrer nach. Mir kamen die Tränen vor Lachen, als die Kursteilnehmer meine Gesten, Manieriertheiten und Ausdrücke imitierten. Ich fand die Parodie außerordentlich lustig, weil ich spürte, dass die Aufführung der Gruppe einfach Spaß machte. Und ich wusste, dass die Kursteilnehmer mich damit nicht demütigen, sondern zeigen wollten, wie sie die – im Wortsinn – komische Seite meines Charakters wahrnahmen. Ich hätte ganz anders reagiert, wenn mir z. B. zugetragen worden wäre, dass die Teilnehmer mich für einen schlechten Lehrer hielten, und sie *dann* meine Gesten, Manieriertheiten und Ausdrücke imitiert hätten. Das hätte ich überhaupt nicht lustig gefunden.

Im Arbeitsalltag macht man manchmal spontan spielerische und respektlose sarkastische Bemerkungen über Kollegen oder Kolleginnen wie z. B.: „Ich sehe, dass Robert im Anrollen ist. Es muss Essenszeit sein!"

In manchen Arbeitsmilieus empfindet man derlei respektlose Kommentare als harmlos und lustig. Jeder weiß, dass sie spaßig gemeint sind, und niemand sieht sie allzu ernst. Man nimmt sich gegenseitig ein bisschen auf den Arm, und jeder weiß, dass dies nur ein Spaß ist und nicht zu Herzen gehen soll, aber auf gleicher Ebene zurückgezahlt werden kann.

Doch diese Art von respektlosem Humor ist nicht jedermanns Sache. Deshalb sollte man humorvolle Respektlosigkeiten nur nach reiflicher Überlegung anbringen und nur auf solche Menschen münzen, mit denen der unausgesprochene Pakt besteht, dass alles erlaubt ist, weil nichts ernst genommen wird.

Uneindeutiger Humor kann einen auf gefährliches Terrain führen, wenn er zu weit geht oder wenn er gezwungen wirkt. Es ist alles andere als angenehm, wenn man mit jemandem ein ernsthaftes Gespräch führen möchte und dieser mit albernen Blödeleien oder mit Witzen über das Thema reagiert, worüber man mit ihm reden will. Diese Art des Scherzens kann das „Salz in der Suppe sein", aber auch „Salz in die Wunde streuen".

Manchmal wird jegliche Art von Humor vermieden, weil man Angst davor hat, dem anderen zu nahe zu treten oder ihn zu beleidigen. Diese Vorsicht mag gerechtfertigt sein; sie ist aber noch kein Grund, dem Humor insgesamt zu entsagen. Stattdessen sollte man es vorziehen, seinen Humor zu gebrauchen und sich gegebenenfalls beim anderen zu entschuldigen, wenn er sich durch scherzhafte Worte oder Taten gekränkt fühlt. (Mehr dazu finden Sie im 6. Kapitel.)

Den Spaß pflegen

Wir können anderen Menschen Humor zwar nicht aufzwingen, aber wir können seine wohltuende Wirkung würdigen und ihn auf alle erdenklichen Arten fördern. Wir können all denen danken, die mit ihrem Humor und ihren Scherzen unserem Alltag eine spaßige Note geben. Menschen mit einem echten Sinn für Humor sind ein Segen, weil sie im Betrieb für eine gute Arbeitsmoral sorgen und diese hochhalten. Da die gesunde Wirkung des Humors bekannt ist, sollte man sich überlegen, welchen persönlichen Beitrag man zur Pflege des friedfertigen Spaßens leisten kann.

Fragen für die Diskussion: Spaß

- Warum sind Humor und Spaß am Arbeitsplatz so wichtig?
- Welche positiven Wirkungen haben Humor und Spaß?
- Warum sollten Menschen, die tüchtig arbeiten, auch tüchtig scherzen?
- Wo liegt für Sie die Grenze zwischen harmlosen und verletzenden Witzen?
- Über die Missgeschicke anderer Witze machen beweist einen unannehmbar schlechten Geschmack. Können Sie sich noch andere Arten von verletzendem oder bösartigem Humor vorstellen?
- In Finnland gibt es folgende Redewendung: „Wenn man etwas lernt und keinen Spaß dabei hat, ärgert man sich nicht darüber, wenn man das Gelernte wieder vergisst.“ Was ist damit gemeint?

3 Erfolg

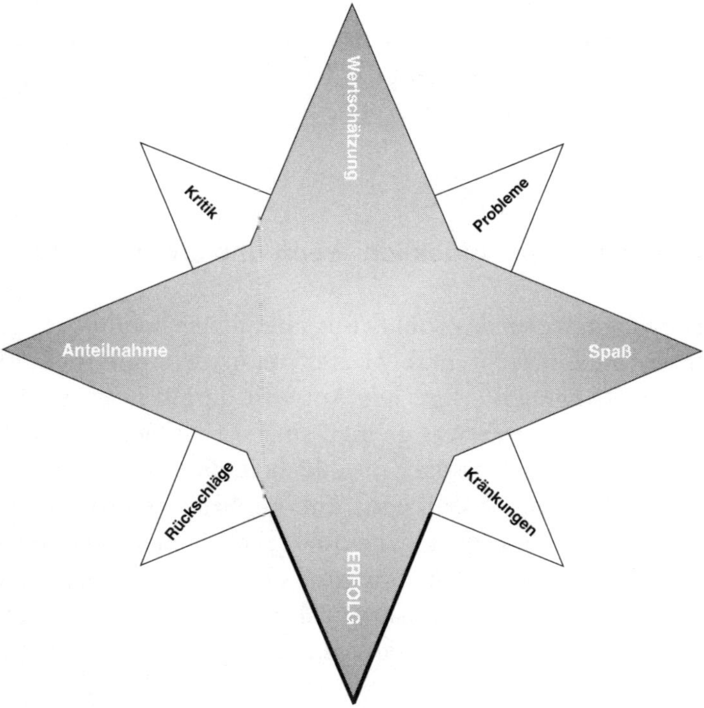
Wertschätzung
Kritik
Probleme
Anteilnahme
Spaß
Rückschläge
Kränkungen
ERFOLG

Wenn man in Betrieben oder Organisationen die Mitarbeiter fragt, was ihnen Zufriedenheit am Arbeitsplatz verschafft, geben sie meistens zur Antwort, dass sie zufrieden sind, wenn ihnen die Arbeit gelungen ist. Die Freude, die man über den Erfolg seiner Leistung spürt, ist der entscheidende Grund dafür, dass man mit seiner Arbeit zufrieden ist. Dies bedeutet andererseits auch: Wenn jemand mit seinem Arbeitsplatz unzufrieden ist, kann dies damit zusammenhängen, dass er die Freude über den Erfolg seiner Arbeit nicht spürt.

Was macht uns glücklich, wenn uns etwas gelingt?

Die Frage, worin das vom Erfolg abhängige Gefühl der Zufriedenheit besteht und weshalb man es empfindet, ist durchaus gerechtfertigt. Die Antwort darauf liegt auf der Hand: Wenn uns etwas gelingt, sind wir einfach glücklich und zufrieden. Doch die Zufriedenheit, die wir aus dem Erfolg gewinnen, ist kein ganz unkompliziertes Phänomen. Tagtäglich gelingen uns alle möglichen Dinge, ohne dass wir dabei so etwas wie „Freude" über diese Erfolge empfinden. Wahrscheinlich ist man sich nicht einmal bewusst, welch enormes Ausmaß die eigenen Erfolge de facto haben. Wie viele Erfolge hatten Sie Ihrer Ansicht nach in der letzten Stunde zu verzeichnen? Auf den ersten Blick sind es vielleicht gar nicht so viele. Doch wenn Sie einmal intensiver darüber nachdenken, stellen Sie vielleicht fest, dass Sie in einer Stunde mehrere kleine Erfolge zu verzeichnen hatten. Und selbst wenn Sie sich Ihre Erfolge „eingestehen", empfinden Sie nicht unbedingt ein Gefühl der Freude darüber. Damit man aber Freude über seinen Erfolg spüren kann, muss man ihn anerkennen, und damit man seinen Erfolg anerkennen kann, muss man das Gefühl haben, dass der eigene Erfolg der Anerkennung wert ist. Und dieses Gefühl stellt sich ein, wenn man merkt, dass die eigene Arbeit für einen selbst und auch für die anderen wertvoll ist.

Vielleicht kennen Sie die Geschichte von dem Mann, der einst durch das mittelalterliche Italien reiste und dabei ein paar Männern begegnete, die Steine bearbeiteten. Einer der Männer sah deprimiert aus und schien seiner Arbeit überdrüssig zu sein. Der Reisende fragte ihn: „Was machst du da?“ – „Ich muss diese Steine zu quadratischen Blöcken klopfen“, antwortete der Mann gereizt.

Dann entdeckte der Reisende in der Nähe einen anderen Mann, der genau das Gleiche tat. Doch dieser Mann schien zufrieden und sogar begeistert seine Arbeit zu verrichten. Der Reisende näherte sich ihm und stellte ihm die gleiche Frage: „Was machst du da?“ – „Ich helfe mit, eine neue Kathedrale für die Stadt zu bauen“, rief der Mann begeistert.

Um Freude über seinen Erfolg empfinden zu können, braucht man ein Art Beweis dafür, dass die geleistete Arbeit für einen selbst bzw. für andere wertvoll oder nützlich ist. Außerdem muss man die Möglichkeit haben, seine Freude über den eigenen Erfolg mit anderen zu teilen.

In einer anderen Geschichte geht es um einen Rabbi, der an einem Sabbatmorgen seiner Frau verkündete, dass er nun Golf spielen werde und nicht in die Synagoge gehe. Seine Frau protestierte.

„Nein, das wirst du nicht!“, antwortete sie, „wenn jemand herausfindet, dass du, ein Rabbi, dich auf dem Golfplatz herumtreibst, statt den Sabbat zu ehren, fliegst du raus."

Der Rabbi war jedoch nicht umzustimmen. „Das geht niemanden etwas an", sagte er, „die anderen Golfspieler sind viel, viel besser als ich, sodass ich niemals mit ihnen mithalten kann, wenn ich nicht übe." Damit verschwand er. Eine Zeit später kehrte er zurück und sah aus wie ein Mann, der gerade seine Großmutter verkauft hatte.

„Und", sagte seine Frau, „ist das Spiel wirklich so schlecht für dich gelaufen?" „Nein, aber der Herr hat mich gestraft", antwortete er. „Wie das?", fragte sie verdutzt. „Zum allerersten Mal in meinem Leben habe ich das Loch auf Anhieb getroffen." „Aber ist das nicht großartig?" „Wäre es schon, nur, ich kann es niemandem erzählen."

Der Rabbi musste seinen Erfolg für sich behalten; denn wenn herausgekommen wäre, dass er am Sabbat Golf gespielt hat, hätte er seinen Ruf und seine Stellung verloren. Und weil er seinen Erfolg nicht weitererzählen durfte, konnte er sich nicht einmal mehr über ein Ass im Golfspiel richtig freuen.

Manche Menschen geben sich damit zufrieden, ihren Erfolg allein zu genießen. Doch die meisten empfinden die Freude über ihren Erfolg nur dann, wenn sie andere daran teilhaben lassen können. Man sagt, dass geteilte Freude doppelte Freude sei. Also könnte man umgekehrt auch sagen, dass ungeteilte Freude nur halbe Freude sei. Wenn wir andere an unseren Erfolgen teilhaben lassen, spüren wir, dass unsere Erfolge auch wirklich Erfolge *sind*. Denken Sie nur an die kollektive Freude und das gemeinsame Feiern z. B. in Fußballstadien oder Eishallen, wenn eine Fußballmannschaft oder ein Eishockeyteam ein Tor schießt. Auch im Betrieb kann z. B. ein Mitarbeiterteam so etwas wie kollektive Freude erleben, wenn seine gemeinsame Leistung gefeiert wird.

Es gibt eine Redewendung, die besagt, dass „man seine Freude für sich behalten“ solle. Nach diesem Prinzip leben viele Menschen. Doch hinter dieser Redewendung steht eigentlich die Vorstellung, dass der Erfolg des einen den Neid der anderen hervorrufen kann und dass die Neider den Erfolgreichen vielleicht schlecht machen wollen. Eine andere Redewendung besagt, dass „niemand einen Prahlhans“ mag. Sie rät davon ab, mit den eigenen Leistungen zu prahlen und sich mit seinen Erfolgen vor den anderen zu brüsten, weil man rasch als narzisstischer Aufschneider etikettiert werden könnte. Der finnische Philosoph Esa Saarinen, der das Thema Zufriedenheit am Arbeitsplatz untersucht, ermutigt die Menschen dazu, sich selbst zu respektieren und die eigene Persönlichkeit zur Entfaltung zu bringen. In diesem Zusammenhang spricht er des Öfteren von der „plättenden Mangel“ und meint damit Folgendes: Es gibt Menschen, die einen anderen, der sich in seinem Erfolg sonnt, deshalb entmutigen, weil sie an seinem Erfolg nicht teilhaben können. Selbst wenn sie genau wissen, dass sie auf irgendeine Weise zum Erfolg des anderen beigetragen haben, können sie sich nicht mit ihm über seinen Erfolg freuen, solange er ihren Beitrag zu seinem Erfolg z. B. mit ein paar Dankesworten nicht anerkennt.

In einem Unternehmen wollte man eine Weile nach der Zusammenlegung von zwei Geschäftseinheiten die Arbeitsmoral der Mitarbeiter heben. Zu jener Zeit war die im Fernsehen übertragene Oscar-Verleihung gerade Gesprächsstoff unter den Mitarbeitern. Deshalb beschloss die

Arbeitsgruppe, die einen Weg zur Verbesserung der Arbeitsmoral finden sollte, für die Mitarbeiter eine „Oscar-Verleihung" zu organisieren. Die Männer mussten im eleganten dunklen Anzug erscheinen und die Frauen im Abendkleid. Man hängte Fotos von Hollywood-Stars an den Wänden auf, und für den Galaabend wurde ein professioneller Conférencier engagiert. Alle Mitarbeiter bekamen reihum die „Oscar-Figur" überreicht und wurden für ihre Arbeitshaltung oder für sonstige Verdienste gelobt. Jeder Mitarbeiter bekam den „Oscar" unter der Bedingung, dass er bei der „Preisverleihung" eine kleine Rede hielt, in der er den Kollegen und Kolleginnen für ihren Beitrag zu seinem Erfolg dankte – genau nach dem Vorbild der Oscar-Verleihung in Hollywood.

Wie können wir anderen unsere Anerkennung zeigen, wenn sie von ihren Erfolgen reden?

Mit anderen Menschen über seine eigenen Erfolge zu sprechen verlangt Diplomatie. Wenn Sie einem Kollegen erzählen, dass Ihnen etwas gelungen ist, was ihm immer schief gegangen ist, bereitet es ihm vielleicht Schwierigkeiten, sich mit Ihnen zu freuen. Wenn ein Lehrer ins Lehrerzimmer schwebt und allen erzählt, dass er mit der schwierigsten Klasse der ganzen Schule eine wunderbare Unterrichtsstunde durchgeführt hat, können sich die anderen Lehrer vielleicht nur schwer mit ihm freuen, weil sie das Gefühl haben, er will ihnen eigentlich mitteilen: „Ich sehe keine Schwierigkeiten bei den Schülern, also muss das Problem bei euch und eurem Umgang mit den Kindern liegen." Es würde einen nicht wundern, wenn die anderen Lehrer sich von ihm abwendeten und sagten: „Das wird nicht lange anhalten. Abwarten!“, oder „Das ist für Sie auch leicht, denn Sie unterrichten ja ein interessantes Fach!“

Die Erfahrung lehrt, dass man sich mit einem anderen leichter über dessen Erfolg freuen kann, wenn er einem das Gefühl gibt, dass man irgendwie zu seinem Erfolg beigetragen hat. Wenn Sie ins Lehrerzimmer gehen und arglos verkünden: „Heute ist wirklich kein schlechter Tag. Es freut einen richtig, wenn auch mal etwas klappt!“, freut sich Ihr Kollege vielleicht nicht mit Ihnen und erwidert womöglich: „Nun, für Sie ist das ja alles gut und schön, denn Sie haben ja so eine leichte Aufgabe!“ Usw.

Wenn Sie ihn aber an Ihrer Freude teilhaben lassen, indem Sie ihm einen Teil Ihres Erfolgs zuschreiben, ist es für ihn leichter, sich mit Ihnen zu freuen. Wenn Sie z. B. sagen: „Heute ist wirklich kein schlechter Tag. Es freut einen richtig, wenn auch mal etwas klappt! Und das war vor allen Dingen deshalb möglich, weil Sie mir so gute Ratschläge gegeben haben“, könnte die Antwort des Kollegen lauten: „Schön zu hören, dass es geklappt hat und dass die Ratschläge Ihnen genutzt haben.“

Wenn Sie anderen von Ihrem Erfolg erzählen und Ihnen das Gefühl geben, dass sie zu Ihrem Erfolg einen Beitrag geleistet haben, ist das eine Einladung an die anderen, sich mit Ihnen zu freuen. Das heißt, Sie sagen nicht, dass *Sie* auf diesem oder jenem Gebiet erfolgreich waren, sondern dass *Ihnen gemeinsam* etwas gelungen ist. Mithilfe folgender Verhaltensregeln kann es Ihnen gelingen, dass andere sich mit Ihnen über Ihren Erfolg freuen.

Beziehen Sie die anderen von Anfang an ein!
Lassen Sie die anderen an Ihren Ideen und Plänen teilhaben, und geben Sie ihnen die Gelegenheit, eine beratende, unterstützende oder motivierende Rolle in Ihrem Vorhaben zu spielen.

Schenken Sie Fortschritten Beachtung!
Achten Sie auch auf die kleinsten Anzeichen von Fortschritt. Dies ist nämlich eine Grundvoraussetzung, wenn man über seinen Erfolg reden und andere daran teilhaben lassen will.

Sprechen Sie mit den anderen über Fortschritte!
Informieren Sie die anderen über Fortschritte und Erfolge. Wenn Sie die Erfolgsnachrichten verbreiten, laden Sie die anderen ein, sich mit Ihnen über Ihre Erfolge zu freuen.

Lassen Sie die anderen an der Anerkennung für Fortschritte teilhaben!
Suchen Sie eine Möglichkeit, wie Sie allen danken können, die zu Ihrem Fortschritt oder Erfolg beigetragen haben. Sie können ihnen explizit oder „zwischen den Zeilen“ danken, wenn Sie überzeugt sind, dass die Fortschritte ohne den Ratschlag, die Hilfe und Ermutigung der anderen nicht eingetreten wären.

Erkennen Sie die Vorteile!
Die meisten Menschen freuen sich, wenn sie merken, dass man ihren Beitrag zum Erfolg zu schätzen weiß und ihnen Anerkennung für den Erfolg zuteil werden lässt. Wenn sie sich über ihre eigene Leistung freuen können und dürfen, ist es für sie viel leichter, sich mit Ihnen über Ihren Erfolg zu freuen – womit der Erfolg zu einer gemeinsamen Erfahrung wird.

Fragen für die Diskussion: Erfolg

- Warum sollte man von Anfang an die Einstellung haben, dass das Vorhaben gelingt?
- Warum lohnt es sich, auch kleine Erfolge als wichtig anzusehen?
- Wie feiern Sie Ihre Erfolge?
- Warum gelingt es manchmal nicht, dass die anderen sich mit einem über seine Erfolge freuen können?
- Warum klingt „Wir haben das fertig gebracht" viel besser als „Ich habe das fertig gebracht"?
- Warum sollte man Erfolge analysieren, und weshalb tun wir das so selten?
- Warum sollten wir mindestens genauso viel Zeit darauf verwenden, Erfolge zu diskutieren, wie wir darauf verwenden, Rückschläge zu diskutieren?
- Warum kann es nach Prahlerei aussehen, wenn man den anderen von seinen Erfolgen erzählt?

4 Anteilnahme

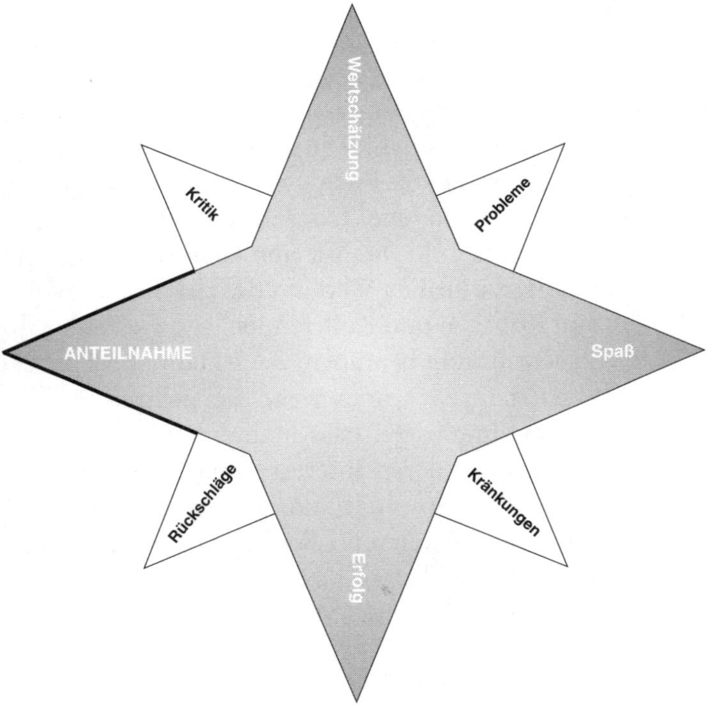

Ein gesundes Arbeitsklima im Betrieb kommt in erster Linie dadurch zustande, dass die Mitarbeiter Interesse füreinander zeigen und einander beachten. Wir wissen zwar aus der Erfahrung, was Anteilnahme bedeutet, doch das Konzept lässt sich begrifflich schwer fassen. Es erklären zu wollen hieße versuchen, einem Außerirdischen klar zu machen, was „Bruderliebe" oder „Freundschaft" bedeutet.

Einer der Hauptgründe, weshalb sich das Konzept Anteilnahme nur schwer definieren lässt, ist der, dass es so viele Aspekte in sich schließt. Die gesamte Twin-Star-Konzeption, wie sie in diesem Buch dargestellt ist, dreht sich immanent um Anteilnahme. Doch Anteilnahme ist weitaus mehr als ein Gefühl: Sie ist eine Geisteshaltung und eine Mentalität, die großen Wert auf das psychische Wohlbefinden von Kollegen und Kolleginnen legt. Deshalb sollte man sich sehr darum bemühen, die Anteilnahme untereinander aktiv zu fördern, auch wenn dies anstrengend ist.

Anteilnahme impliziert, dass man einander beachtet, für die Arbeit der anderen Interesse zeigt, dem anderen zuhört, ihn tröstet, ermutigt, unterstützt und anweist, ihm hilft und Traurigkeit und Sorgen miteinander teilt. Manchmal heißt Anteilnahme auch, schmerzliche Wahrheiten da auszusprechen, wo andere sie meiden wie die Pest.

Anteilnahme ist ein weit gefasstes Konzept mit unendlich vielen Möglichkeiten. Für unsere Zwecke hier reicht die Erklärung, dass Anteilnahme im betrieblichen Kontext grundsätzlich mit Verhaltensweisen gekoppelt ist wie z. B.: dass Kollegen sich grüßen, dass sie Interesse aneinander zeigen und dass sie sich im Arbeitsalltag jederzeit helfen und unterstützen.

Die anderen grüßen

Wenn man in Unternehmen oder Organisationen die Mitarbeiter fragt, wodurch ein gesundes Betriebsklima entsteht, erwähnen sie üblicherweise das Grüßen. In der Hektik vergisst man zwar leicht, andere zu grüßen und sich nach ihrem Wohlbefinden zu erkundigen, aber diese Dinge sind sehr wichtig. Wer von anderen nie gegrüßt wird, fühlt sich übergangen und vielleicht sogar gekränkt. Wer gegrüßt wird, fühlt sich „wahrgenommen" und anerkannt.

Da man dem Betriebsklima und der Zufriedenheit am Arbeitsplatz inzwischen weitaus mehr Beachtung schenkt als früher, ist das Thema Grüßen in vielen Unternehmen im Gespräch, und manchmal beschließen die Kollegen einer bestimmten Arbeitsgruppe oder Abteilung, sich gegenseitig zu grüßen. Solche Regeln sind lobenswert, aber leider werden sie nicht immer dauerhaft eingehalten. Deshalb müssen die Mitarbeiter, die sich für den Gruß entschieden haben, auch „Sanktionen" festlegen, wenn sich Kollegen nicht an die Abmachung halten.

In einem Betrieb vergaß der Chef grundsätzlich, seine Sekretärin zu grüßen. Sie wies ihn darauf hin, und er gelobte Besserung. Aber schon ein paar Wochen später war er in sein altes Verhaltensmuster zurückgefallen. Die Sekretärin überlegte, was sie tun sollte, und sprach dann ihren Chef auf das Thema an. Die beiden trafen ein Übereinkommen, wonach die Sekretärin ihren Chef jedes Mal, wenn er sie zu grüßen vergessen hatte, leicht an der Krawatte ziehen sollte. Schon bald hatte die Sekretärin vielfältig Gelegenheit dazu. Wann immer er den Gruß zu vergessen drohte, näherte sich ihre Hand seiner Krawatte – und so lernte er seine Lektion. Dank dieses Arrangements hatte der Chef sich das Grüßen angewöhnt, das bald wie selbstverständlich zu seinem Verhalten gehörte.

Wir sollten die Bedeutung des Grußes nicht unterschätzen, denn das Grüßen ist eine symbolische Handlung. Es ist eine Geste, die signalisiert, dass wir am Wohlergehen des anderen interessiert sind und dass wir – zumindest im Prinzip – den anderen unterstützen und ihm helfen, wenn er es braucht.

An den anderen Interesse zeigen

So schmeichelhaft es ist, wenn jemand Interesse an einem zeigt, so kränkend ist es, wenn sich jemand einem gegenüber indifferent verhält. Interesse deutet auf positive Gefühle hin, Indifferenz aber auf einen Mangel an Gefühlen. Interesse impliziert Neugier, und Interesse zeigen heißt z. B. Blickkontakt suchen, sich nach den anderen erkundigen, mehr über sie wissen wollen und ihnen Fragen stellen. Im Allgemeinen ist es ein angenehmes Gefühl, wenn jemand auf einen neugierig ist und mehr über einen wissen will als das, was für jedermann sichtbar ist. Damit meinen wir – um es deutlich zu sagen – eine Neugier, die nicht aufdringlich ist und die den Eindruck von Anteilnahme vermittelt.

Vergewissern Sie sich, wie es Ihren Kollegen und Kolleginnen geht

„Hallo! Wie geht's?" gehört zu den Bemerkungen, die entweder schlicht und einfach eine Begrüßung sein können oder aber den Wunsch ausdrücken, etwas über das Wohlbefinden des anderen zu erfahren. Im Deutschen (wie im Englischen) ist diese Bemerkung so sehr zur Formel verkümmert, dass wir, wenn uns jemand fragt „Wie geht's?", automatisch antworten „Danke, und selbst?" – unabhängig davon, wie es uns tatsächlich geht. Andere Sprachen lassen uns nicht zwangsläufig in diese Falle laufen, und die Entsprechung von „Wie geht's?" kann z. B. im finnischen „Mitä kuuluu?" entweder ein einfaches „Hallo!" oder ein echtes „Wie geht's?" bedeuten. Durch weitere Fragen signalisiert der Fragende, ob er wirklich wissen will, wie es der betreffenden Person geht und was sie gerade so macht, z. B.: „Wie laufen die Geschäfte zur Zeit?", „Wie geht es Ihrem Rücken?", „Haben Sie es noch bis zum Ferienhaus geschafft?", oder „Wie war der Urlaub?"

Ein guter Chef vergewissert sich immer, wie es seinen Mitarbeitern geht. Genauso erkundigen sich die Kollegen, die gut miteinander auskommen, immer nach dem Wohlbefinden der anderen und sind ernsthaft aneinander interessiert.

Informieren Sie sich über die Tätigkeit Ihrer Kollegen und Kolleginnen

In manchen Unternehmen ist die Vielfalt der Tätigkeitsfelder so groß, dass die Mitarbeiter nicht wissen, wie die Arbeit ihrer Kollegen und Kolleginnen oder der anderen Berufsgruppen aussieht. Wenn man von der Arbeit des anderen keine Vorstellung hat, kann man sich kaum gegenseitig helfen oder gar gemeinsam an einem Vorhaben arbeiten. Jobrotation und das besonnene Bemühen, sich über die Arbeit der anderen detailliert zu informieren, und – was noch wichtiger ist – die Bekundung eines natürlichen Interesses an der Arbeit der anderen schaffen ein solides Fundament für alle Arten der betrieblichen Zusammenarbeit.

Im Lehrerzimmer eines Gymnasiums herrschte eine schlechte Atmosphäre. Die einzigen Lehrer, die zufrieden zu sein schienen, waren diejenigen, die regelmäßig miteinander nach draußen gingen, um zu rauchen, und dort miteinander lachten und sich Witze erzählten. Unter den übrigen Lehrern, den Nichtrauchern, galt die unausgesprochene Regel, nicht darüber zu klagen, wie anstrengend die Arbeit ist. Die Folge war, dass das Lehrerzimmer ein ziemlich düsterer Ort war und die Lehrer reihum zum stellvertretenden Schulleiter gingen und ihm ihr Leid klagten. Als dieser seiner Frau von dem Zustand im Lehrerzimmer erzählte, schlug sie vor, er solle in der Schule das gleiche System einführen wie zu Hause. Zu Hause hatte die Familie einen Lehnstuhl, den sie den „Mitgefühlsessel“ nannte und in den sich die Familienmitglieder setzen konnten, wenn sie müde waren und ein bisschen Mitgefühl brauchten. Wann immer sich einer in diesen Mitgefühlsessel setzte, mussten die anderen zu ihm gehen und ihn trösten. Der stellvertretende Schulleiter beschloss, die Sache anzugehen. Auf dem Dachboden der Schule fand er einen alten Lehnstuhl, den er ins Lehrerzimmer trug. Er bedeckte ihn mit einem weichen Überwurf und erklärte dann den Lehrern, dass dieser Stuhl nun ein „Mitgefühlsessel" sei. Wann immer jemand sich hineinsetze, sei es die Aufgabe der anderen, ihm Mitgefühl entgegenzubringen und sich z. B. nach seinem Wohlbefinden zu erkundigen, ihm eine Tasse Tee oder Kaffee anzubieten, ihm den Nacken zu massieren oder auf eine andere Weise nett zu ihm zu sein. Die Lehrer nahmen diese Idee erfreut an, und innerhalb kürzester Zeit war der Sessel so beliebt geworden, dass manchmal drei Personen gleichzeitig darin Platz nahmen.

Zeigen Sie Interesse an den Dingen, die Ihren Kollegen und Kolleginnen besonders viel bedeuten

Man ist angenehm berührt, wenn andere Menschen ein ureigenes Interesse an den Dingen zeigen, die einem besonders wichtig sind. Es ist eine nette Geste, wenn Sie den Garten ihres gärtnerisch begabten Nachbarn bewundern oder wenn Sie eine Mutter zu ihrem neugeborenen Kind beglückwünschen. Das Geheimnis guter Kameradschaft unter Kollegen liegt darin, dass man nicht nur an der Arbeit der anderen echtes Interesse zeigt, sondern auch an den Dingen, die ihnen persönlich sehr wichtig sind. Wenn uns ein Leser dieses Buches eine E-Mail schreiben und das Buch loben würde oder wenn jemand in einem Chatroom unsere Websites positiv beurteilen würde, wären wir hocherfreut, weil wir dies als Interesse an unserer Arbeit deuten würden.

Zeigen Sie Interesse an den Stärken, Fähigkeiten und Ressourcen Ihrer Kollegen und Kolleginnen

Neugier und Interesse sind nicht nur Zeichen, mit denen man einem Freund seine Anteilnahme demonstriert. Sie sind auch wichtige Voraussetzungen für eine fruchtbare Teamarbeit. Damit nämlich Teamarbeit effizient sein kann, müssen die Beteiligten ihre jeweiligen Stärken und Ressourcen kennen und verstehen. Man muss genau wissen, worin einem der andere überlegen ist. Nicht umsonst pflegen Teamentwickler Folgendes anzumerken:

Schlechte Spieler haben die Angewohnheit, immer nur ihre eigenen Schwächen zu sehen und diesen immer nachzugeben. Gute Spieler dagegen sehen ihre Stärken und nutzen diese. Doch die besten Spieler sehen nicht nur ihre eigenen Stärken, sondern auch die der anderen Spieler und nutzen die Stärken aller Beteiligten.

Helfen

„Es sieht so aus, als ob Sie mit Arbeit überhäuft seien. Kann ich Ihnen bei irgendetwas behilflich sein?“

„Diese Bewerbung scheint Ihnen etwas Kopfzerbrechen zu bereiten. Sagen Sie einfach Bescheid, wenn Sie Hilfe brauchen.“

„Ich glaube, ich könnte hier Ihre Hilfe gebrauchen. Meinen Sie, Sie könnten einmal eine Stunde erübrigen?“

Wenn man dem anderen seine Anteilnahme zeigt, bedeutet das, dass man an seinem psychischen Wohlbefinden interessiert ist. Doch Anteilnahme besteht nicht nur aus Interesse; man muss auch bereit und willens sein, dem anderem beizustehen. Man kann nur dann von echter Anteilnahme sprechen, wenn Interesse und Unterstützung zusammengehen.

Wenn Sie einen Kollegen fragen: „Was macht Ihr Rücken heute?“, zeigen Sie zweifellos Interesse an seinem Wohlbefinden. Doch ebenso wichtig ist Ihre Reaktion, wenn er antwortet: „Die Schmerzen bringen mich noch um.“ Wie würden Sie darauf reagieren? Würden Sie schroff erwidern: „Wären Sie doch zu Hause geblieben. Sie sollten nicht zur Arbeit gehen, wenn Sie sich nicht wohl fühlen. Sie werden nichts zuwege bringen!“? Oder würden Sie in milderem Ton antworten: „Gut, dass Sie das sagen. In dem Fall übernehmen wir anderen die schwere Arbeit, und Sie schauen, dass Sie mit Ihrer Arbeit im Sitzen zurechtkommen. Wenn das Ihrem Rücken auch nicht gut tut, sollten Sie ein paar Tage zu Hause bleiben“? Wenn Ihnen jemand hilft oder Ihnen einfach seine Hilfsbereitschaft signalisiert, gibt er Ihnen das Gefühl, dass er an Ihrem Wohlbefinden Anteil nimmt.

Doch die Hilfe für die anderen ist nicht nur Anteilnahme; sie ist auch eines der wichtigsten Geheimnisse eines gesunden Betriebsklimas. Wenn man einander hilft, kann man danach auch Dankbarkeit füreinander empfinden. Wie das 1. Kapitel zeigt, ist der Dank eines anderen das bestmögliche positive Feedback, das man bekommen kann.

Denn dadurch entwickelt man das Gefühl, dass die eigene Arbeit von den anderen geschätzt wird, und man wird motiviert, in Zukunft auch den anderen zu helfen.

Unternehmen sollten die Wirkung, die gegenseitiges Helfen auf die betriebliche Arbeitsatmosphäre und nicht zuletzt auf die Arbeitseffizienz hat, berücksichtigen, wenn sie sich für ergebnisorientierte Bonussysteme entscheiden oder solche einführen wollen. Idealerweise ist ein solches System so organisiert, dass die Mitarbeiter nicht nur für ihre eigenen Leistungen belohnt werden, sondern auch dafür, dass sie den anderen helfen. Fußball- und Eishockeytrainer sind sich der Tatsache wohl bewusst, dass die Spieler nicht nur für die Tore, die sie schießen, belohnt werden sollten, sondern auch dafür, dass sie den anderen Spielern den Ball bzw. den Puck gut zuspielen.

Ein Anliegen thematisieren

Angenommen, in Ihrem Arbeitsumfeld gibt es einen Kollegen, der ein seltsames oder für sein Wesen untypisches Verhalten zeigt. Die anderen machen sich Gedanken um ihn und reden allmählich darüber, was mit dem Kollegen los sein könnte. Sie überlegen auch, was in dieser Situation getan werden könnte. Doch niemand unternimmt *konkret* etwas. Kommt Ihnen das bekannt vor?

Die Situation, dass ein Kollege sich merkwürdig verhält und die anderen sich um sein Wohlbefinden sorgen, ist in Betrieben ziemlich häufig anzutreffen. Doch was soll man in solchen Situationen tun? Soll man auf den Kollegen zugehen und ihm vorschlagen, bei jemandem Hilfe zu suchen? Oder soll man über die Angelegenheit mit jemandem sprechen, der sich professionell mit solchen Problemen beschäftigt? Wenn man nicht weiß, was in einer solchen Situation zu tun ist, kann es schließlich so weit kommen, dass alle hinter vorgehaltener Hand über die Sache flüstern, aber niemand konkrete Schritte in dieser Angelegenheit unternimmt. Wenn nicht gehandelt wird, weil man diskret sein möchte, kann das unerfreuliche Konsequenzen haben.

Wenn man im Verhalten eines Kollegen etwas Beunruhigendes feststellt, kann man z. B. mit den übrigen Kollegen reden und sich überlegen, was in einer solchen Situationen zu tun ist. Schon allein die Formulierung seiner Sorge um den Kollegen, so die Faustregel, bedeutet Anteilnahme. Doch überhaupt nichts unternehmen oder das Problem einem professionellen Helfer übertragen ist keine echte Anteilnahme.

Wenn Sie Ihre Besorgnis dem betreffenden Kollegen gegenüber formulieren, sollten Sie Folgendes beachten:

- Sagen Sie ihm, dass Sie gerne mit ihm über ein paar Dinge sprechen möchten, und bitten Sie ihn um einen geeigneten Zeitpunkt für das Gespräch.
- Sagen Sie ihm, dass Sie und die anderen Kollegen und Kolleginnen sich wegen ihm Sorgen machen. Erklären Sie ihm, weshalb Sie besorgt sind und welche Veränderungen Sie in seinem Verhalten seit kurzem beobachten.
- Geben Sie ihm Zeit zu reagieren, und zeigen Sie Verständnis für alle seine Reaktionen.
- Bieten Sie ihm Ihre Hilfe an, aber schlagen Sie ihm keine banalen, vorgefertigten Lösungen vor.

- Lassen Sie ihm Zeit, über das Gespräch nachzudenken, und einigen Sie sich darauf, dass Sie sich bald wieder mit ihm zusammensetzen.
- Verfolgen Sie die Angelegenheit weiter. Bieten Sie ihm Ihre Begleitung und Ihre moralische Unterstützung an, wenn er professionelle Hilfe braucht.

In einer Werbeagentur entschlossen sich die Mitarbeiter, ihre Arbeitsmoral mithilfe von Spielen zu heben. Man entschied sich für ein Spiel mit dem Namen *Geheime Freunde*. Alle Mitarbeiter schrieben ihre Namen auf ein Stück Papier, und die Papiere wurden anschließend in einem Hut gesammelt. Danach fischte sich jeder ein Papier aus dem Hut, und die Person, deren Name auf dem Papier stand, wurde sein „geheimer Freund". Jeder hatte die Aufgabe, seinem jeweiligen „Freund" eine Freude zu machen, ohne dabei die eigene Identität preiszugeben. Einer kaufte z. B. eine Flasche Wein und steckte sie heimlich in die Tasche seines „Freundes". Eine Mitarbeiterin schrieb ihrem „Freund" witzige Gedichte, und eine andere Mitarbeiterin, die die gärtnerische Begabung ihres „Freundes" kannte, legte heimlich Sämlinge und Blumenzwiebeln in seinen Schrank. Dieses Spiel dauerte zwei Monate lang. Die Identität aller Beteiligten wurde schließlich während einer eigens dafür organisierten Veranstaltung aufgedeckt. Dabei erzählten die Mitarbeiter auch, wen sie in den letzten zwei Monaten jeweils für ihren geheimen „Freund" gehalten hatten.

Fragen für die Diskussion: Anteilnahme

- Was implizieren die Ausdrücke „Anteilnahme" und „einander beachten"?
- Macht man sich von Natur aus Gedanken um die anderen Menschen, oder hängt dies von Gewohnheiten und Verhaltensweisen ab, die sich ändern lassen?
- Was müssen andere Menschen sagen oder tun, damit sie Ihnen das Gefühl geben können, Ihnen echte Anteilnahme entgegenzubringen?
- Auf welche Weise können Sie jemandem Ihre Hilfe anbieten, damit er sie leicht annehmen kann?
- Woran erkennen Sie, dass jemand tatsächlich Anteil an den anderen nimmt – außer an seinen Worten?
- Was sollten Sie tun, wenn Sie der Ansicht sind, dass ein Kollege ernsthafte Probleme hat?
- Wann halten Sie das Interesse der anderen an Ihnen für echte Anteilnahme und wann nur für ärgerliche Schnüffelei?
- Auf welche Weise können Sie den anderen nach seinem Wohlbefinden fragen, wenn Sie aus echtem Interesse an ihm erfahren wollen, wie es ihm geht, und nicht nur der üblichen Höflichkeitsform Genüge tun wollen?
- Was oder wonach würden Sie gerne von anderen öfter gefragt werden?

5 Probleme

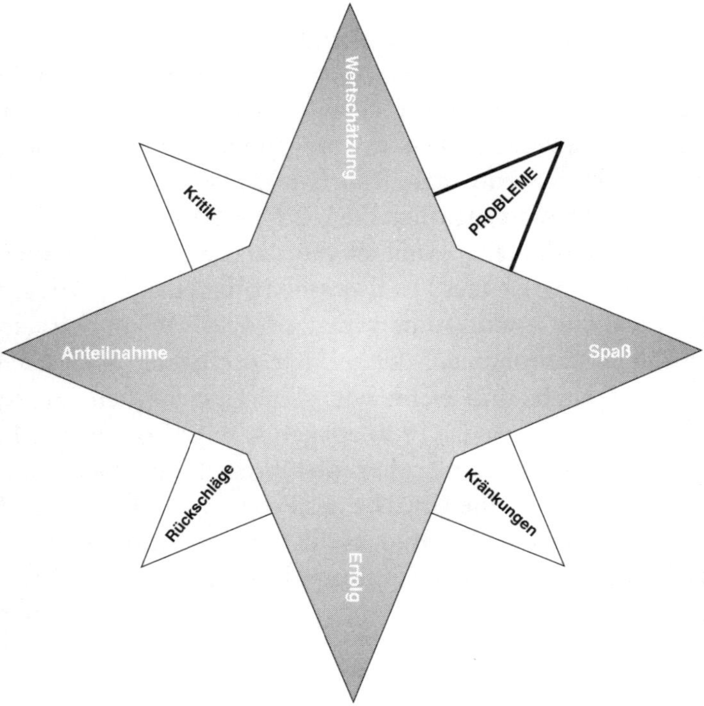
Wertschätzung
Kritik
PROBLEME
Anteilnahme
Spaß
Rückschläge
Kränkungen
Erfolg

Ehefrau: „Weshalb reden wir heute Abend nicht einmal über unsere Probleme, Liebling?“

Ehemann: „Eine wunderbare Idee, Liebes! Wir können sogar die ganze Nacht damit verbringen.“

Es ist nicht leicht, über die Lösung von Problemen zu sprechen, sodass diese auch zu Ergebnissen führt. Diese Schwierigkeit hängt weitgehend mit dem Umstand zusammen, dass man in dem Moment, in dem man über ein bestimmtes Problem nachdenkt, auch sofort über seine Ursache nachdenkt. Das ist im Grunde genommen nicht falsch; denn wenn man Rauch in seiner Wohnung entdeckt, muss man natürlich die Ursache der Rauchentwicklung herausfinden, damit etwas dagegen unternommen werden kann. De facto ist dies eine völlig normale Art, ein Problem zu lösen. Anders ausgedrückt: Wenn wir ein Problem wahrnehmen, denken wir zuallererst über seine Ursache nach, und wenn wir seine Ursache kennen, so glauben wir, kann das Problem gelöst werden. Wenn z. B. die Fahrradkette ständig herunterspringt, untersucht man das Fahrrad, um die Ursache des Problems zu finden, und entdeckt dabei vielleicht, dass die Kette zu locker ist. Man zieht die Kette an, und – Hokuspokus Fidibus! – das Fahrrad läuft wieder gut.

Der Teufelskreis des Problems

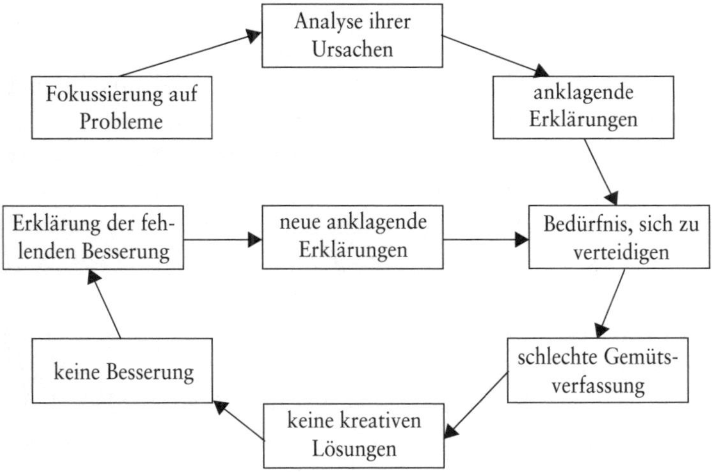

Ein Problem nach dem Motto „Finden wir erst einmal die Ursache" anzugehen ist ein vernünftiger Ansatz der Problemlösung, wenn das Problem eindeutig durch einen identifizierbaren Faktor verursacht worden und korrigierbar ist. Doch genau dieser Ansatz ist für die Lösung vieler zwischenmenschlicher Probleme völlig ungeeignet. Wenn man Probleme mit dem Partner hat, lässt sich die Situation meistens nicht einfach dadurch bereinigen, dass man sich zusammensetzt und gemeinsam seine Beziehung zueinander analysiert. Unabhängig davon, wie gut man die Ursache der Probleme zu kennen glaubt, ist einem hinterher auch nicht klarer, wie man die Beziehung zum Partner gestalten will oder wie man so etwas wie eine ideale Partnerschaft zustande bringen kann. Genauso ist es in Unternehmen und Organisationen. Wenn im Betrieb eine schlechte Arbeitsatmosphäre herrscht und man über dieses Problem und seine potenziellen Ursachen spricht, verbessert sich dadurch die Arbeitsatmosphäre nicht automatisch. Manchmal entstehen durch die Analyse zwischenmenschlicher Probleme nur noch mehr Probleme. Aber weshalb?

Auf diese Frage gibt es eine einfache Antwort. Wenn Menschen miteinander über Probleme sprechen und dabei nach dem Motto „Finden wir erst einmal die Ursache" vorgehen, führt das fast immer dazu, dass sie sich gegenseitig die Schuld zuschieben, auch wenn sie das anfangs nicht wollten. Wenn man über mögliche Ursachen eines Problems nachdenkt, versucht man gleichzeitig, eine Erklärung für die Existenz des Problems zu finden. Und wenn man eine Erklärung gefunden hat, tritt diese fast immer im Gewand der Beschuldigung auf.

Niemand freut sich besonders, wenn er für ein Problem verantwortlich gemacht wird, für das er seiner Ansicht nach nicht verantwortlich ist: „Gestern wurde die Post überhaupt nicht abgeschickt!" – „Warum schauen Sie mich an – das ist nicht meine Schuld!"

Wie reagieren Sie, wenn Sie ungerechtfertigt für etwas beschuldigt werden? Vielleicht verteidigen Sie sich und legen den Fall dar, oder Sie werden wütend und schmieden Rachegedanken. Vielleicht schweigen Sie auch zu der Anschuldigung und verzichten auf einen Einwand. Auf jeden Fall ist es immer sehr unangenehm, wenn die Gespräche miteinander in Form von Anklagen verlaufen und man mit Fingern auf den anderen zeigt. Kaum einer bringt es fertig, angesichts einer ungerechten Anschuldigung gegen ihn ruhig zu bleiben und zu sagen: „Nun denn, ich bin es gewohnt, dass ich die Sache ausbaden muss, also bringt mich das Bisschen auch nicht mehr um."

Das Muster von Beschuldigung und Verteidigung taucht in Alltagsgesprächen überraschend häufig auf. Man bringt ein Problem zur Sprache, und über kurz oder lang sind alle Gesprächsteilnehmer dabei, sich entweder zu verteidigen oder die anderen zu beschuldigen (eine Taktik der Selbstverteidigung). Sie sagen Ihrer Kollegin, dass die Pizza, die sie für Sie bestellt hat, fade schmeckt. Die Kollegin ärgert sich und erwidert: „Was beklagen Sie sich denn? Wenn sie *Ihnen* nicht schmeckt, freut sich bestimmt der Hund darüber!" Mit anderen Worten: Sie haben ein Problem und beziehen Ihre Kollegin in die Lösung dieses Problems mit ein. Wie wäre es, die fade schmeckende Pizza nachträglich zu salzen oder zu pfeffern? Aus der Sicht Ihrer Kollegin haben Sie sie beschuldigt, dass die Pizza nach nichts schmeckt. Sie könnte sogar auf die Idee kommen, Sie wollten sie mit voller Absicht dafür beschuldigen, bei der falschen Pizzeria bestellt zu haben – oder so ähnlich. Kein Wunder, dass Ihre Kollegin ärgerlich wird.

Anklagende Beschuldigungen behindern die gemeinsame Problemlösung. Sie zwingen den anderen dazu, in die Defensive zu gehen, und ersticken Kreativität und Kooperation, die für eine zufrieden stellende Lösung des Problems notwendig sind. Und wenn keine Lösungen erreicht werden, sind die Betroffenen weiterhin mit dem Problem konfrontiert. Früher oder später fragen sie sich, weshalb das Problem eigentlich immer noch da ist, obwohl man doch – scheinbar ein für alle Mal – darüber gesprochen hat. Diese Überlegung führt direkt in die zweite Phase des Teufelskreises, in der dann weitere anklagende Erklärungen vorgebracht werden, z. B.: „Wer hat Schuld daran, dass das Problem *immer noch nicht* gelöst ist, obwohl wir schon längst darüber gesprochen haben?“

Probleme in entsprechende Ziele umwandeln

Wir können den Teufelskreis der versuchten Problemlösung durchbrechen. Damit dies gelingt, dürfen wir uns nicht an den Problemen festbeißen, sondern müssen über die mit der Problemlösung verbundenen Ziele sprechen. Für jedes Problem existiert ein entsprechendes Lösungsziel. Wir müssen es nur herausfinden und dann das Problem *in* dieses entsprechende Ziel *verwandeln*. Wenn das Problem z. B. darin besteht, dass im Betrieb die Kommunikation nicht funktioniert, dann ist das dem Problem entsprechende Ziel: Die Kommunikation *soll funktionieren*. Wenn man sich auf das Gespräch *über das Problem* konzentriert, wird man unversehens in den Teufelskreis der gegenseitigen Anschuldigung hineingezogen. Wenn wir stattdessen *über ein Ziel* sprechen, wird die Unterhaltung automatisch konstruktiv. Denn Probleme verlangen nach einer Analyse, Ziele dagegen verlangen nach der Umsetzung.

Bevor Sie eine Diskussion über Probleme eröffnen, sollten Sie grundsätzlich dem Problem entsprechende Ziele formulieren. Außerdem sollten Sie alle Beteiligten dazu ermuntern, dass auch sie die bestehenden Ärgernisse und Probleme gleich zu Beginn des Gesprächs in Ziele verwandeln. Wenn man über Ziele statt über Probleme spricht, gibt man den anderen nicht das Gefühl, beschuldigt oder kritisiert zu werden. Und dann können sich alle mit der

Frage beschäftigen, wie diese Ziele am besten zu erreichen sind – und zwar unabhängig davon, ob die formulierten Ziele sich auf Probleme mit dem Betriebsklima, mit störenden Verhaltensweisen anderer Menschen oder mit den eigenen schlechten Angewohnheiten beziehen.

Wandeln Sie eine doppelt negative Aussage in eine positive um

Wenn man in Unternehmen oder Organisationen die Mitarbeiter fragt, durch welche Veränderungen ein angenehmeres Betriebsklima entstehen könnte, erwähnen sie häufig die negativen Dinge, die sie gerne anders hätten, gehen aber selten darauf ein, welche positiven Dinge ihrer Ansicht nach geschehen sollten. Wenn jemand sagt, dass er etwas für ihn *Negatives nicht* will, macht er genau genommen eine doppelt negative Aussage (z. B.: Ich will *kein schlechtes* Essen). Und dabei bedarf es nur einer kleinen Anstrengung, um eine doppelt negative Aussage in eine einfache positive Aussage (Ich *will gutes* Essen) zu verwandeln.

Ein Grundschullehrer bat seine Schüler, die Atmosphäre im Klassenzimmer zu beschreiben, die sowohl für die Schüler als auch für den Lehrer angenehm wäre. Die Schüler antworteten fast durchweg mit doppelt negativen Aussagen:

„Nicht lärmen“, „Nicht hänseln“, „Nicht mit Radiergummis werfen“, „Nicht fluchen“, „Andere nicht herumschubsen“.

Um den Schülern zu demonstrieren, wie sie das Gewünschte und Erhoffte (statt das Nichtgewünschte und

Nichterhoffte) beschreiben können, forderte der Lehrer die Schüler auf, alle doppelt negativen Aussagen in positive Aussagen zu verwandeln. Innerhalb kürzester Zeit hatten die Kinder ihre Liste folgendermaßen verändert:

„Wir können ruhig sein", „Wir sind nett zueinander", „Wir lassen die Sachen auf dem Tisch liegen", „Wir reden freundlich miteinander", „Wir klären Streitigkeiten durch Worte".

Sobald doppelt negative Aussagen in positive Aussagen verwandelt werden, wird das Gespräch über Probleme plötzlich viel einfacher.

Die Ziele erreichen

Wenn Probleme in entsprechende Ziele und doppelt negative Aussagen in positive Aussagen umgewandelt werden, hat man nicht mehr das Bedürfnis, über die Lösung der Probleme zu reden, sondern will etwas zur Erreichung der Ziele unternehmen. Der Umstand, dass das Gespräch zielorientiert geworden ist, bedeutet natürlich noch nicht automatisch, dass die Ziele auch erreicht werden. Die Formulierung von Zielen löst zwar noch keine Probleme, aber es lässt sich danach leichter über Probleme reden; denn eine konstruktive Diskussion über konkrete Ziele ist etwas Angenehmeres als ein Gespräch über Probleme.

Ob ein bestimmtes Ziel auch erreicht wird, hängt weitgehend davon ab,

- wie sehr die Beteiligten das Ziel erreichen wollen und
- wie stark sie daran glauben, dass sie das Ziel erreichen können.

Diese simple „Motivationstheorie“ lässt sich auf folgende Formel bringen:

Wahrscheinlichkeit, ein Ziel zu erreichen	=	Interesse daran, das Ziel zu erreichen	×	Vertrauen in die eigene Fähigkeit, das Ziel zu erreichen

Mithilfe dieser Formel können Sie die gesetzten Ziele auch tatsächlich erreichen. Wenn nämlich ein Ziel formuliert worden ist, können Sie aktiv dazu beitragen, dass die Wahrscheinlichkeit der Erreichung des Ziels größer wird,

- indem Sie die Motivation der Beteiligten und ihr Interesse an der Umsetzung des Ziels fördern und sie in der Annahme bestärken, dass am Ende etwas Nützliches steht, und
- indem Sie die Beteiligten in ihrer Überzeugung bekräftigen, dass das Ziel realistisch ist und erreicht werden kann und nicht nur ein Luftschloss ist.

Die Bereitschaft zur Umsetzung des Ziels hängt hauptsächlich davon ab, wie nützlich oder wertvoll man das potenziell zu erreichende Ziel einschätzt und welche Zufriedenheit man wahrscheinlich daraus ziehen wird. Je größer der Nutzen ist, den man mit einem bestimmten Ziel verbindet, desto schneller will man das Ziel erreichen. Wenn ich lernen will, wie man Websites erstellt, kommt mir dieses Ziel umso interessanter vor, je stärker ich davon überzeugt bin, dass das erworbene Wissen meiner Firma nützen und mir Zufriedenheit schenken wird.

Sehr viele Faktoren können die Beteiligten in ihrer Überzeugung bestärken, dass sie ein bestimmtes Ziel erreichen werden. Zu diesen Faktoren gehören:

Bestimmte Ziele sind von Zeit zu Zeit tatsächlich erreicht worden
„Da war doch diese Sitzung, die wirklich gut lief, oder nicht?"

Man ist der Erreichung des Ziels schon einen Schritt näher gekommen
„Sie müssen zugeben, dass die Sitzungen, die wir dieses Jahr abgehalten haben, etwas erfolgreicher verlaufen sind als die im letzten Jahr."

Ähnliche Ziele sind zuvor schon erreicht worden
„Unser Vorhaben, dass die Sitzungen zum Thema Kundenschnittstelle geordneter ablaufen, war doch ein ziemlicher Erfolg, oder?"

Es sind bereits Ressourcen vorhanden, die zum Erfolg beitragen können
„Der Vizepräsident hat uns zwar angeboten, dass wir zur Unterstützung einen Experten von außen holen. Aber ein paar unserer eigenen Leute besitzen auch die für unseren Plan notwendige Sachkenntnis."

Wenn ich lernen will, wie man Animationen in Websites integriert, ist mein Glaube an die Umsetzung dieses Ziels stärker: wenn ich schon ein gewisses Verständnis davon habe, wie die Animationstechnik bei Websites funktioniert (dem Ziel einen Schritt näher); wenn ich schon ausreichend probiert habe, eine kleine Animationssequenz erfolgreich zu entwickeln (partiell erreichtes Ziel); wenn ich zuvor gelernt habe, wie man ähnliche Software-Anwendungen benutzt (ähnliche Ziele sind schon erreicht worden). Und wenn mir dann noch der in Computer-Animation versierte Sohn meines Freundes hilft, ich das Zehnfingersystem auf der Tastatur beherrsche, mir jemand meine Begabung für diese Tätigkeit attestiert und ich einen leistungsfähigen PC mit einem großen Monitor habe (Ressourcen), ist mein Glaube an die Umsetzung meines Ziels unumstößlich.

Wenn man sich auf ein gemeinsames Ziel einigt, lässt sich die Wahrscheinlichkeit seiner Umsetzung dadurch steigern, dass z. B. folgende Fragen diskutiert werden:

- Wie viel bringt es dem Einzelnen, wenn wir unser Ziel erreichen?
- In welchem Ausmaß wirkt es sich positiv auf unsere Arbeitsatmosphäre aus, wenn wir das Ziel erreichen?
- Inwieweit können andere Parteien von der Umsetzung des Ziels profitieren?
- Welche Fortschritte sind bereits erzielt worden, die uns unserem Ziel näher bringen?
- Welche ähnlichen Ziele sind in der Vergangenheit schon erreicht worden?
- Welche Erfahrungen, Fähigkeiten, Eigenschaften oder Vorlieben haben die Personen, die an der Umsetzung des Ziels beteiligt sind?
- Was ist bereits geleistet worden, um das Ziel zu erreichen?

- Welchen Personen können wir für die Fortschritte danken, die auf dem Weg zu unserem Ziel schon gemacht worden sind?

Wenn man die Wahrscheinlichkeit, sein Ziel zu erreichen, mithilfe solcher Fragen – und vielversprechender Antworten – erhöht hat, kann man sich mit der Überlegung beschäftigen, welcher Kurs zu Erreichung des Ziels eingeschlagen werden soll. Statt mit Riesenschritten vorzupreschen, ist es im Allgemeinen besser, wenn man kleine Schritte in die gewollte Richtung geht. Denn überschaubare Vorhaben gelingen im Allgemeinen besser als hoch fliegende, extravagante Projekte. Die nächste Phase des Prozesses, in der sich mit kleinen Schritten allmählich Fortschritte zeigen, lässt sich leicht konsolidieren, wenn man die Aufmerksamkeit der Beteiligten auf die schon erzielten Fortschritte lenkt und denjenigen, die diese Fortschritte ermöglicht haben, Anerkennung gibt. (Mehr zum Thema Anerkennung des Erfolgs steht im 3. Kapitel.)

In einem Betrieb beschlossen die Mitarbeiter, dass jeder, der sich über etwas beklagt, ohne einen konstruktiven Vorschlag zur Verbesserung der Situation zu machen, zwei Euro in ein Sparschwein werfen muss, dessen Inhalt später für einen bestimmten Zweck verwendet werden sollte. Die Vereinbarung war, dass ein Umtrunk organisiert wird, der an einem Freitag nach der Arbeit stattfindet, sobald man genügend Geld zusammen hatte. Tatsächlich war das Sparschwein bald voll, weil die Mitarbeiter sich gewohnheitsmäßig über irgendetwas beklagten. Einige Mitarbeiter fütterten das Sparschwein nicht deshalb, weil sie sich beklagt hatten, sondern weil sie den Umtrunkplan gut fanden. Es dauerte nie lange, bis genügend Geld vorhanden war und der ersehnte Dämmerschoppen unter dem Motto „Gott sei Dank ist Freitag“ organisiert wurde. Der Umtrunk war ein so großer Erfolg, dass das Sparschwein immer kräftig gefüttert wurde. Innerhalb kurzer Zeit hatten die Mitarbeiter gelernt, wie man mit schwierigen Themen konstruktiv umgeht, und irgendwann wurde der Dämmerschoppen auf den Montag verlegt und unter das Motto „Gott sei Dank ist Montag“ gestellt.

Sieben Schritte zur Veränderung

1. Wandeln Sie die Probleme in Ziele um!

Betriebsklima und Arbeitsatmosphäre lassen sich durch die Pflege der positiven Dinge leichter verbessern als durch den Versuch, die negativen Dinge zu beseitigen.

2. Machen Sie die Ziele interessant!

Ziele erscheinen nur dann interessant, wenn man genau weiß, welchen Nutzen man nach ihrer Umsetzung davon hat.

3. Spezifizieren Sie die Ziele!

Ziele bleiben reine Fantasien oder Hirngespinste, wenn man nicht darüber spricht, welche Konsequenzen für die Praxis oder den Arbeitsalltag mit der Umsetzung der Ziele verbunden sind.

4. Spezifizieren Sie die Schritte zum Erfolg!

Ziele können erreicht werden, wenn die Beteiligten die einzelnen Schritte in dem Prozess als Etappen auf dem Weg zum Erfolg wahrnehmen. Welches ist der erste, der zweite und der dritte Schritt auf dem Weg zur Zielerreichung?

5. Machen Sie das Ziel realistisch und erreichbar!
Die Beteiligten werden in ihrem Glauben, das Ziel erreichen zu können, bestärkt, wenn sie handfeste Gründe dafür haben, weshalb das Ziel erreichbar ist.

6. Lenken Sie die Aufmerksamkeit der Beteiligten auf den Fortschritt!
Wenn die Beteiligten Fortschritte sehen, wächst ihre Überzeugung, dass das Ziel erreichbar ist, und sie entwickeln eine konkretere Vorstellung von den weiteren Schritten in dem Prozess.

7. Schenken Sie Anerkennung, wo es angebracht ist!
Fortschritte bestätigt man am besten dadurch, dass man sie wahrnimmt und thematisiert und allen Anerkennung schenkt, die diese Fortschritte ermöglicht haben.

Übung

Ein Problem erwächst im Allgemeinen aus einer Situation, über die Sie sich ärgern, aufregen oder beunruhigt sind. Üben Sie, die nachstehenden Aussagen in konstruktiven Worten auszudrücken, indem Sie sie als Hoffnung oder Ziel formulieren statt als Problem. Danach schauen Sie sich bitte unsere Antwortvorschläge auf Seite 138 an.

Beispiel:
„Du sagst mir gar nie, dass du mich liebst."

Als Ziel oder Hoffnung formuliert:
„Weißt du, es ist so schön, wenn du mir hin und wieder sagst, dass du mich liebst. Sag es mir, weil mich das unendlich glücklich macht."

Formulieren Sie die folgenden Aussagen als Ziele oder Hoffnungen:

1. Niemand verlässt diese Sitzung, bis wir in Erfahrung gebracht haben, weshalb die Kollegen hier unzufrieden sind!
2. Wenn ich feststelle, dass du dein Bett morgen wieder nicht gemacht hast, darfst du abends nicht fernsehen.
3. Du bist anscheinend nicht in der Lage, aus eigener Initiative heraus etwas zu unternehmen. Ich muss dir alles vorgeben, als ob du ein kleines Kind wärst.
4. Unser Chef gibt uns nie Rückmeldung.
5. Ich habe einen Kurs über positives Denken gemacht und stelle nun fest, wie negativ wir alle die Dinge um uns herum wahrnehmen.
6. Ich habe Ihnen doch aufgetragen, diese Rechnungen sofort zu verschicken. Was zum Teufel liegen sie immer noch hier herum?
7. Ich hasse es, wenn die Kunden immer so dumme Fragen stellen!
8. Wer hat die Rolle Toilettenpapier aufgebraucht und dann vergessen, eine neue hinzuhängen?

Fragen für die Diskussion: Probleme

- Warum vermeidet man es gerne, über Probleme zu sprechen?
- Warum kippt die gemeinsame Analyse eines Problems so schnell um in gegenseitige Anschuldigung?
- Eigentlich sollte man offen und ehrlich über alles sprechen können, und trotzdem gelingt das nicht immer. Weshalb?
- Wie kann man über Probleme sprechen, ohne dass alle Beteiligten in Aufregung versetzt werden?
- Wann kann der Versuch der Problemlösung eher ein Hindernis als eine Hilfe sein?
- Welches Wort könnten Sie für „Problem“ einsetzen, damit Sie leichter über „dieses Thema“ sprechen können?
- Warum führt das Gespräch über Probleme allein nicht immer dazu, dass man die beste Lösung für das Problem findet?
- Wie kann man im Betrieb eine Atmosphäre schaffen, in der es den Mitarbeitern leicht fällt, Probleme zu lösen?

6 Kränkungen

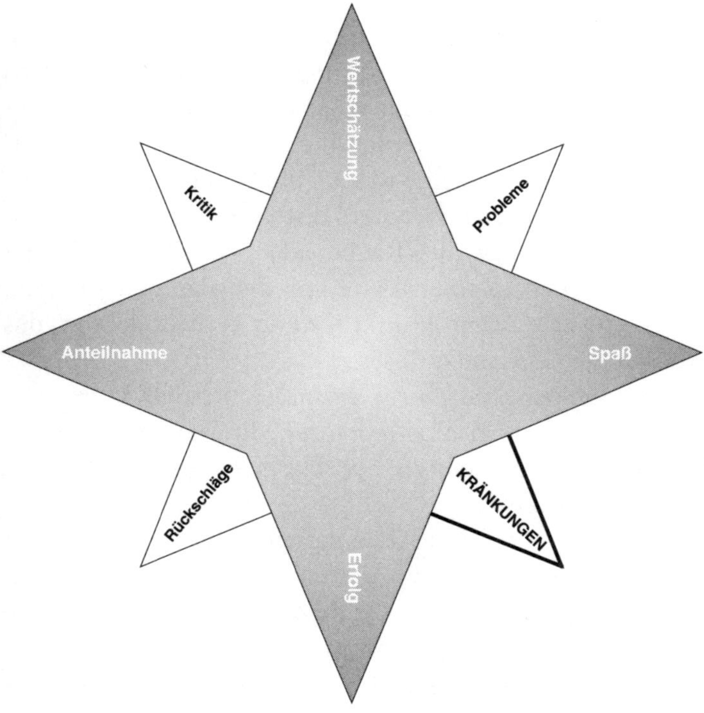

Kränkungen gehören unweigerlich zur menschlichen Interaktion.

In jedem Betrieb und in jeder Belegschaft kommt es immer wieder zu gegenseitigen Beleidigungen und Kränkungen. Auch denjenigen, die mit den edelsten sozialen und diplomatischen Fähigkeiten ausgestattet sind, passiert es, dass sie einmal jemanden durch Worte oder Taten beleidigen. Kränkungen und Beleidigungen werden dem anderen meistens nicht mit Absicht zugefügt. Manchmal wird jemand aus purer Gedankenlosigkeit der anderen gekränkt. In den seltensten Fällen will man die Gefühle anderer vorsätzlich verletzen, und wenn es doch vorkommt, geschieht es im Allgemeinen aus Rache oder Vergeltung. Rachegefühle werden zu einer Waffe, mit der man den anderen, der einen verletzt hat, kränkt – wenn es nicht gelingt, das Problem gemeinsam zu lösen.

Ein Schlüssel zu einem gesunden Betriebsklima und zum psychischen Wohlbefinden der Mitarbeiter liegt in der Fähigkeit, Kränkungen zur Sprache zu bringen und aus der Welt zu schaffen.

Im Idealfall ist es so, dass derjenige, der sich gekränkt (beleidigt, betrogen oder verletzt) fühlt, so bald wie möglich nach dem „Ereignis" mit demjenigen spricht, der ihm die Kränkung zugefügt hat – und beide schaffen das Problem gemeinsam aus der Welt. Meistens ist es aber so, dass es dem Gekränkten recht schwer fällt, mit dem anderen über die erlittene Kränkung zu sprechen, und er stattdessen vielleicht

- sich zurückzieht und behauptet, nicht beleidigt worden zu sein,

- die Kränkung wegzustecken versucht und darauf hofft, das Geschehene vergessen zu können,
- mit anderen über die erlittene Kränkung spricht, um deren Mitgefühl zu gewinnen oder Vorschläge zu bekommen, wie er am besten mit der Verletzung seiner Gefühle fertig werden kann,
- auf eine passende Gelegenheit wartet, um sich für das ihm zugefügte Unrecht zu rächen.

Warum spricht jemand, der gekränkt worden ist, nicht offen und ehrlich mit demjenigen, der ihn gekränkt hat? Meistens hat der Gekränkte Angst davor, dass das direkte Gespräch über seine Verletzung die Dinge eher schlimmer macht als besser. Wer sich gekränkt fühlt (ob zu Recht oder zu Unrecht), fürchtet sich vielleicht davor, dass ihn der andere in ihrem Gespräch über den Vorfall ein weiteres Mal kränken könnte. Das diesem Verhalten zugrunde liegende Motiv „Das Ganze wird nur noch schlimmer" erfassen wir mit dem Konzept der „Wiederholungstat", das im Folgenden diskutiert wird.

Die Angst vor der Aussprache und vor „Wiederholungstaten"

Oft hält die Angst vor Wiederholungstaten den Gekränkten davon ab, mit demjenigen, der ihn gekränkt hat, über das verletzende Ereignis zu sprechen. Der Gekränkte denkt: „Ist es die Sache wirklich wert, mit ihm darüber zu sprechen?" Er beginnt sich vorzustellen, was passiert, wenn er den anderen auf das Thema anspricht. Ob er schließlich mit dem „Beleidiger" redet oder nicht, hängt davon ab, was für ein Szenario er entworfen hat.

Dieses Phänomen ist das Thema einer Geschichte, die bei Paul Watzlawick *(Anleitung zum Unglücklichsein)* nachzulesen ist: Ein Mann will seinen Nachbarn bitten, ihm einen Hammer auszuleihen. Er stellt sich vor, wie der Nachbar ihn fragt: „Aber haben Sie denn keinen eigenen Hammer, um Himmels willen?!" Daraufhin überlegt der Mann sich eine Antwort: „Natürlich, aber ich habe ihn gerade jemandem ausgeliehen." In dem Szenario antwortet der Nachbar: „In einem so großen Haus sollte es doch zwei Hämmer geben." Darauf würde der Mann seinem Nachbarn zur Antwort geben: „Ich habe zwei Hämmer, aber ich kann den anderen nicht finden." Er stellte sich vor, wie der Nachbar antwortet: „Vielleicht sollten Sie Ihre Sachen ein bisschen besser in Ordnung halten!" Nachdem der Mann sich einige Spiralen derartiger Szenarios ausgedacht hat, stürmt er hinüber zum Nachbarn und schlägt an die Tür. Als der Nachbar in Hausschuhen einen Augenblick später öffnet, schreit der Mann ihn an: „Behalten Sie doch Ihren verdammten Hammer!"

Genau dieses Muster wird aktiviert, wenn man darüber nachdenkt, ob man über seine erlittenen Kränkungen reden soll. Dabei nehmen auch persönliche Ansichten, Einstellungen und Erfahrungen Einfluss darauf, *ob* man das Thema letztlich anspricht und *wie* man es – gegebenenfalls – anspricht. Die Angst vor Wiederholungstaten ist nicht aus der Luft gegriffen. Denn man kann sehr leicht Salz in die Wunden des anderen streuen, wenn man sich diese Gefahr nicht ganz genau vor Augen führt. Wer beschuldigt wird, andere gekränkt zu haben, rächt sich unter Umständen dadurch, dass er „Wiederholungstaten" begeht und sie als Methode der Selbstverteidigung benutzt.

Zu den typischen Wiederholungstaten gehören folgende Situationen.

Das Gespräch verweigern

„Ich habe keine Zeit, mich mit einem solchen Kram zu befassen."

„Ich möchte mit Ihnen nicht mehr darüber reden."

„Wenn wir miteinander über jede Kleinigkeit, an der Sie Anstoß nehmen, reden wollten, käme ich mit meiner Arbeit überhaupt nicht mehr voran."

Den Vorfall als erledigt betrachten

„Sie machen aus einer Mücke wirklich einen Elefanten."

„Fangen Sie nicht wieder damit an."

„Wenn Sie so etwas als kränkend ansehen, dann ..."

Die Retourkutsche fahren

„Ist Ihnen eigentlich klar, wie oft *Sie* mich schon beleidigt haben?"

„Sie sind also der Ansicht, dass ich unfair zu Ihnen war. Ehrlich gesagt, sind *Sie* es, der zu allen von uns hier unfair war!"

„Jeder bekommt das, was er verdient, also müssen Sie sich schon selbst die Schuld geben."

Behaupten, der Gekränkte habe etwas missverstanden

„Sie haben das völlig falsch verstanden."

„Ich will Ihnen sagen, was tatsächlich geschah."

„Es ist ein Missverständnis. Ich habe das bestimmt nicht so gemeint."

„Zum wiederholten Male, Liebling, du bist komplett auf dem Holzweg."

Den anderen beschuldigen, überempfindlich zu sein

„Wenn Sie sich über eine derartige Kleinigkeit so ärgern, dann sind Sie einfach zu empfindlich."

„Sie regen sich so schnell auf. Können Sie denn nichts vertragen?"

„Ich hatte keine Ahnung, dass Sie so hypersensibel sind."

„Bis jetzt hat noch niemand daran Anstoß genommen!"

Behaupten, der andere sei ein Spielverderber

„Das haben Sie ernst genommen? Das war doch nur ein bisschen Spaß!"

„Haben Sie nicht gemerkt, dass es nur ein Scherz war?"

„Verstehen Sie keinen Spaß?"

„Sie haben offensichtlich keinen Sinn für Humor."

Suggerieren, der andere sei paranoid

„Es scheint, als ob Sie zu sehr über die Sache nachgegrübelt hätten."

„Niemand hat so etwas gesagt. Das müssen Sie sich eingebildet haben."

„Sie haben so lächerliche Schlüsse daraus gezogen, dass ich mich scheue, etwas zu Ihnen zu sagen."

„Sind Sie oft der Ansicht, dass alle Ihnen nur ans Leder wollen?"

Einem Dritten von der Kränkung erzählen

Wer gekränkt wurde oder sich ungerecht behandelt fühlt, wendet sich aus Angst vor einer neuen Verletzung seiner Gefühle oftmals an eine dritte Partei. Dieser Dritte spielt im Umgang mit der Kränkung eine wichtige Rolle. Im besten Fall fungiert die dritte Partei als Ratgeber und Berater, der

- die Situation aus der Sicht des Gekränkten betrachtet und Mitgefühl zeigt,
- gemeinsam mit dem Gekränkten überlegt, wie er auf die zugefügte Beleidigung reagieren soll, und
- mit dem Gekränkten ausführlich bespricht, wie er das Problem dem Beleidiger gegenüber zur Sprache bringen soll und wie das Problem am besten zu lösen ist.

Im schlimmsten Fall ist die dritte Partei keine Hilfe, sondern ein Hindernis für die Beilegung des Problems. Dies kann z. B. dann geschehen, wenn der Dritte ...

... nicht über den Vorfall reden will und deutlich macht, dass es aus seiner Sicht keinen Grund zur Aufregung gibt:

„Ich möchte nicht in Ihre Streitereien hineingezogen werden."

„Ich habe keine Zeit, mich auf einen solchen Blödsinn einzulassen und dafür auch noch eine Lösung zu suchen."

... sofort die Partei des Gekränkten ergreift und sich gegen den Beleidiger stellt:

„Nun wissen Sie endlich auch, was es heißt, wenn man sich das jahrelang gefallen lassen muss."

„Sie sind nicht der Einzige, den er so behandelt."

„Das ist so unglaublich grob. Er denkt halt immer nur an sich selbst, aber nicht an die anderen."

... sofort die Partei des Beleidigers ergreift und sich gegen den Gekränkten stellt:

„Sie haben noch nie gut Kritik einstecken können."

„Man erntet das, was man gesät hat."

„Vielleicht haben Sie das ja auch verdient."

... den Gekränkten kritisiert und ihm den Eindruck vermittelt, als sei das Ganze seine Schuld:

„Weshalb haben Sie sich das einfach so gefallen lassen? Ich hätte nach besten Kräften zurückgeschlagen."

„Sie sind etwas überempfindlich, wenn Ihnen das so nahe geht."

„Er hat doch nichts Falsches gesagt. Niemand hätte sich das so zu Herzen genommen."

„Sie müssen seine Äußerung komplett missverstanden haben."

Die dritte Partei sollte dem Gekränkten zuhören und ihm klar machen, dass es richtig war, über das Problem zu sprechen; sie sollte ihm zu verstehen geben, dass sie seine emotionale Reaktion auf den Vorfall versteht; sie sollte die Situation auch aus der Sicht desjenigen betrachten, der den anderen verletzt hat; und sie sollte den Gekränkten dazu ermutigen, sich mit der Situation auseinanderzusetzen, und ihn bei der Bewältigung der Angelegenheit unterstützen.

Zuhören:

„Was genau ist passiert?"

„Bitte sagen Sie es mir doch."

„Natürlich will ich das hören."

Bestätigen, dass es richtig ist, über das Problem zu sprechen:

„Gut, dass Sie darüber gesprochen haben."

„Ich würde auch mit jemandem darüber reden, wenn ich in einer solchen Situation wäre."

„Es ist vor allem unter Kollegen wichtig, dass man mit jemandem über solche Dinge reden kann."

Den Gekränkten zu verstehen versuchen:

„Es ist nicht verwunderlich, dass Ihnen das so nahe geht. Das hätte jeden aus der Fassung gebracht."

„Es ist völlig verständlich, dass Sie sich aufregen. Ich würde mich auch aufregen."

„Das ist wirklich äußerst ärgerlich."

Den Beleidiger zu verstehen versuchen:

„Vielleicht hat er das, was er sagte, nicht so gemeint."

„Wenn er in Hektik ist, kann er völlig gedankenlos sein."

„Ich frage mich, was ihn dazu gebracht hat. Es entspricht nicht seinem sonstigen Verhalten."

Den Gekränkten ermutigen, mit dem Beleidiger über den Vorfall zu sprechen:

„Natürlich sollten Sie das mit ihm klären."

„Wenn ich Sie wäre, würde ich das Problem ansprechen."

Gemeinsam mit dem Gekränkten überlegen, wie er das Problem dem Beleidiger gegenüber ansprechen kann:

„Haben Sie darüber nachgedacht, wie Sie die Angelegenheit ihm gegenüber ansprechen könnten?"

„Sie sollten ihn fragen, ob er für ein Gespräch mit Ihnen einmal Zeit hat, und ihn um einen Gesprächstermin bitten."

„Vielleicht sollten Sie ihm sagen, dass Sie gerade deshalb mit ihm über den Vorfall sprechen möchten, weil Sie die Zusammenarbeit mit ihm sehr schätzen."

„Sie könnten ihm sagen, dass Sie nicht annehmen, er habe Sie mit Absicht beleidigt."

Das Thema Kränkung in einem Gespräch anschneiden

Wenn einen jemand zornig und vielleicht noch aggressiv beschuldigt, ihn beleidigt zu haben, begibt man sich automatisch in die Defensive. Und aus der Verteidigung heraus kann man – ohne dies zu wollen – demjenigen, der mit einem sprechen möchte, sehr leicht eine weitere Kränkung zufügen. Dieser entwickelt dann womöglich die Vorstellung, geschlagen zu werden, obwohl er bereits am Boden liegt. Folglich vergrößert sich die Dissonanz, die eigentlich aus der Welt geschafft werden sollte. Das folgende Beispiel veranschaulicht dies.

Der Gekränkte beginnt das Gespräch über sein erlittenes Unrecht in einer aggressiven Weise: „Was zum Teufel haben Sie sich dabei gedacht, so etwas zu mir zu sagen?"

Der Beleidiger verteidigt sich: „Schreien Sie mich nicht an. Ich muss mir das nicht gefallen lassen."

Die verständliche Verteidigungsreaktion wird zu einer Wiederholungstat, die den bereits Gekränkten noch mehr in Aufregung versetzt: „Das ist so typisch für Sie! Man kann mit Ihnen über nichts reden!"

Das Gespräch bricht an diesem Punkt definitiv ab, und das Problem bleibt ungelöst.

Wenn der Gekränkte in ruhigem Ton über sein erlittenes Unrecht spricht, macht er es dem Beleidiger leichter, ihm zuzuhören. Die folgenden Beispiele zeigen das.

„Das, was Sie gestern gesagt haben, hat mich ziemlich geärgert. Könnten wir mal darüber reden?"

„Es ist mir wichtig, dass wir weiterhin gut miteinander auskommen. Deshalb möchte ich mir Klarheit darüber verschaffen, was letzte Woche geschah – wenn Ihnen das recht ist."

„Mit Sicherheit haben Sie das, was Sie sagten, nicht so gemeint, aber es hat mich ziemlich gekränkt. Und darüber wollte ich gerne mit Ihnen sprechen."

„Wenn Sie heute oder spätestens morgen ein paar Minuten Zeit hätten, sollten wir uns mal unterhalten. Ich möchte einfach sicher sein, dass es zwischen uns kein böses Blut gibt."

„Hören Sie, da ist etwas, was mich ärgert. Und darüber würde ich gerne mit Ihnen sprechen, wenn Sie mal ein paar Minuten Zeit haben. Wahrscheinlich wollen Sie mir erklären, wie Sie es gemeint haben. Aber ich wäre Ihnen dankbar, wenn Sie mir erst einmal zuhören würden. Ich bitte Sie jetzt nur, mir zuzuhören, was ich zu sagen habe, und anschließend können Sie mir Ihre Sicht der Ereignisse schildern. Ist das in Ordnung?"

Offen sein für das Gespräch über Kränkungen

Wenn man Kränkungen und Streitereien beilegen will, muss man den natürlichen Impuls, in die Defensive zu gehen, unterdrücken und demjenigen zuhören, der einem mitteilt, dass man ihn beleidigt oder gekränkt hat. Selbstverteidigung ist zwar eine ganz normale Reaktion, führt aber fast immer zu einer Wiederholungstat gegen den bereits Gekränkten. Wenn man zu jemandem sagt: „Ich habe nichts getan, was Sie hätte beleidigen können", kann das leicht so klingen, als ob man sagen wollte: „Wenn Sie sich verletzt fühlen, ist das allein Ihre Schuld; denn ich habe nichts getan, was Sie hätte beleidigen können!"

Kränkungen schafft man am besten aus der Welt, wenn man ähnlich vorgeht wie im Falle von Tadel oder Kritik. Mit anderen Worten: Hören Sie dem Gekränkten zu; danken Sie ihm dafür, dass er das Problem angesprochen hat; zeigen Sie Verständnis für seine Reaktion; entschuldigen Sie sich für den Vorfall; und besprechen Sie mit dem Gekränkten, wie Sie in Zukunft mit derlei Problemen verfahren.

Hören Sie zu, und zeigen Sie Interesse daran, was der Gekränkte zu sagen hat:

„Bitte erzählen Sie doch."

„Wir nehmen uns heute Nachmittag etwas Zeit und sprechen über die Sache, damit sie nicht auf Ihrer Seele lastet."

Danken Sie dem Gekränkten, dass er das Thema angesprochen hat:

„Sie hatten Recht, die Sache anzusprechen."

„Ich finde es gut, dass Sie gekommen sind, um mit mir über die Sache zu reden."

„Es ist so wichtig, dass wir über alles sprechen können. Nur so lassen sich diese Dinge aus der Welt schaffen."

Zeigen Sie Verständnis für die Reaktion des Gekränkten:

„Es überrascht mich nicht, dass Sie verärgert waren. Das wäre jedem so gegangen."

„Nun, da Sie mir die Sache erklären, verstehe ich auch, wie Sie sich gefühlt haben müssen."

„Jetzt begreife ich, dass Sie sich blöd vorgekommen sind. In dem Moment habe ich einfach nicht darüber nachgedacht, wie die Situation aus Ihrem Blickwinkel aussieht."

Akzeptieren Sie Ihre Verantwortung, entschuldigen Sie sich für den Vorfall:

„Es tut mir Leid, dass das passiert ist."

„Ich gebe zu, dass ich die Sache weitaus geschickter hätte angehen können."

„Ich sehe ein, dass meine Gedankenlosigkeit zu diesem Vorfall geführt hat."

Lassen Sie die Dinge nicht offen – erreichen Sie Verständigung:

„Gibt es eine Möglichkeit, wie ich das wieder gutmachen kann?"

„Was können wir tun, damit eine solche Situation in Zukunft nicht mehr entsteht?"

„Haben Sie das Gefühl, dass Ihnen unser Gespräch geholfen hat, oder wäre Ihnen eine andere Art der Verständigung lieber?"

Fragen für die Diskussion: Kränkungen

- Weshalb kommt es so leicht zu gegenseitigen Kränkungen?
- Lassen sich Kränkungen überhaupt vermeiden?
- Was sollten Sie tun, wenn Sie annehmen, dass Sie jemanden beleidigt haben?
- Was sollten Sie tun, wenn ein anderer *Sie* beleidigt hat?
- Was sollten Sie tun, wenn Ihnen jemand mitteilt, dass Sie ihn beleidigt hätten?
- Warum geben die Menschen im Allgemeinen ungern zu, dass sie gekränkt worden sind?
- Wie sollte man eine kränkende oder verletzende Situation thematisieren, sodass man sicher sein kann, dass der andere nicht sofort in die Defensive geht?

7 Rückschläge

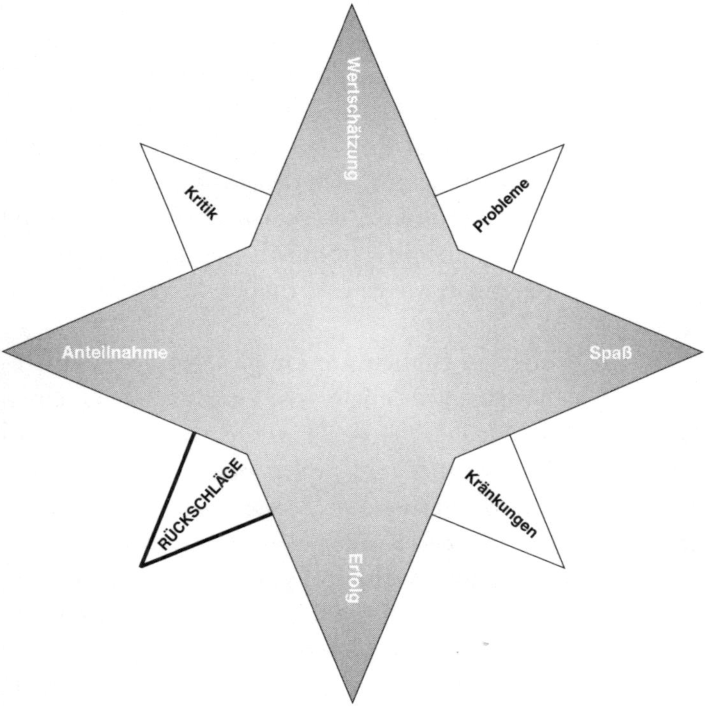

Chef zum Mitarbeiter: „Fehler sind nützlich, weil wir immer etwas aus ihnen lernen können, aber wie um alles in der Welt haben Sie es geschafft, ausgerechnet diesen dummen Fehler zu begehen?"

Ein Mann hatte die Autoschlüssel in seinem verschlossenen Auto liegen. Obwohl die Autotür in null Komma nichts geöffnet und das bedauerliche Missgeschick schnell behoben werden konnte, war der Mann zuerst einmal zornig auf sich, weil er die Schlüssel im Auto eingeschlossen hatte. Er verbrachte den Rest des Tages und den ganzen darauf folgenden Tag damit, sich den Kopf zu zermartern. Zwei Jahre später erinnerte er sich immer noch an den Vorfall. Seine Freunde hätten sein Missgeschick längst vergessen, wenn er nicht so viel Aufhebens davon gemacht hätte.

Wenn Kinder so elementare Dinge lernen wie aufstehen, gehen, sprechen, allein essen, sich anziehen, einen Purzelbaum schlagen, aus der Flasche trinken, Fahrrad fahren, malen usw. und auch wenn sie neue Fertigkeiten lernen, erleiden sie permanent Misserfolge und machen viele Fehler. Die meisten Kinder werden mit ihren Fehlern auf eine sehr natürliche Weise fertig. Das heißt, sie nehmen kaum Notiz von ihren Missgeschicken und machen einfach neue Versuche. Doch manche Kinder nehmen Fehler nicht auf die leichte Schulter und geraten über jedes Missgeschick in Wut. Folgendes Beispiel soll dies verdeutlichen: Die kleine Tina versucht, einen Kreis zu zeichnen, der aber eher wie ein Haufen Spaghetti als wie ein Kreis aussieht. Sie überprüft das Ergebnis und nimmt gelassen ein neues Blatt Papier, um einen neuen Versuch zu starten. Der kleine Tommy dagegen kann sich nicht so ganz für das Kreisemalen begeistern, unternimmt aber dennoch einen Versuch. Doch er ist mit seiner „Arbeit" nicht zufrieden und schafft es nicht, den Kreis zu schließen. Er erkennt sein Scheitern, gerät in Wut, überkritzelt das Gemalte komplett und jammert: „Ich kann das nicht! Ich sagte doch, ich kann das nicht!" Er zerreißt das Bild und rennt aus dem Zimmer. Auf seinem Weg nach draußen rempelt er noch die anderen Kinder mit seinen fuchtelnden Armen. Auch die Erwachsenen haben ihre eigene Weise, mit ihren Fehlern und Missgeschicken fertig zu werden.

Wenn ein Sportler einen Fehler macht, muss er schnell seine Fassung wiedergewinnen, damit er sich auf seine Leistung konzentrieren kann. Wenn ein Eishockeyteam ein Endspiel verliert, dürfen die Spieler nicht einfach den Mut verlieren. Sie müssen trotz der Niederlage optimistisch bleiben und mit der gleichen Entschlossenheit und Zuversicht spielen, die früher zu ihrem Erfolg beigetragen hatten.

Der neun Jahre alte William wurde von seinem neuen Fußballteam zum Torwart gewählt. Im ersten Spiel kassierte er drei Tore. Vor dem nächsten Spiel ging er zum Trainer und fragte ihn: „Was kann ich denn machen? Ich habe keine Chance, solche Bälle zu halten." Der Trainer antwortete nur: „Denk einfach nicht darüber nach, William. Halte einfach einen Ball nach dem anderen." William fragte sich, was der Trainer gemeint haben könnte. „Was meinst du damit?", fragte er, „es gibt doch nur einen Ball auf dem Spielfeld, oder?" Der Trainer antwortete: „Das heißt nur, dass du über nichts nachdenken darfst als darüber, den nächsten Ball zu halten, der auf das Tor zufliegt, und dann spielst du ihn deinem Team zurück." William spielte ausgezeichnet. Er hielt jeden Ball, und seine Mannschaft gewann das Spiel. Als das Spiel vorbei war und seine Mannschaftskameraden bereits den Sieg feierten, rannte William auf den Trainer zu und fragte ihn: „Wer hat gewonnen, wir oder die anderen?“ William war so darin versunken gewesen, einfach das zu tun, was sein Trainer ihm gesagt hatte, und er hatte sich so stark auf den nächsten Ball konzentriert, dass er nicht einmal mitgekriegt hatte, welche Mannschaft gewonnen hatte.

In der Geschichte der Menschheit sind es immer wieder die Fehler und Irrtümer gewesen, denen wir beachtliche Entdeckungen zu verdanken haben. Vielleicht wissen Sie, wie das Penizillin entdeckt wurde. Der schottische Forscher Alexander Fleming ließ zufällig Petrischalen mit Kolibakterien in seiner Tischschublade stehen. Die Bakterienkulturen fingen an zu schimmeln, und als Fleming die Petrischalen wieder fand, bemerkte er, dass die Bakterien rund um den Schimmel abgetötet worden waren. Daraus ließ sich leicht schließen, dass der Schimmel, der zufällig Penizillin genannt wurde, eine Bakterien tötende Substanz enthielt. Wenn Fleming die Bakterienkulturen in seiner Schublade nicht vergessen hätte und diese nicht hätten schimmeln können, wäre das Antibiotikum vielleicht nie erfunden worden.

In den letzten Jahren hat sich im wissenschaftlichen Kontext der Begriff „Fehlerfreundlichkeit“ eingebürgert, und damit ist die Ansicht verbunden, dass man Fehlern gegenüber positiv eingestellt sein und konstruktiv mit ihnen umgehen soll. Der Begriff Fehlerfreundlichkeit impliziert die Vorstellung, dass Fehler, Irrtümer und Missgeschicke einen Schlüssel zum Lernen, zu Fortschritt und Entwicklung bieten können, wenn man eine positive und interessierte Haltung dazu einnimmt. Im Grunde genommen ist die Evolution dadurch entstanden, dass die Natur zu Fehlern neigt. Heutzutage investiert die wissenschaftliche Forschung in die Untersuchung und Auswertung von Fehlern.

Versuchen Sie sich an einen Fehler oder einen Irrtum zu erinnern, der Ihnen in jüngster Zeit unterlaufen ist. Wie verhalten Sie sich dazu? Regen Sie sich darüber auf, und bedauern sie ihn? Lassen Sie sich von ihm quälen? Sind Sie immer noch darüber verärgert? Kann es sein, dass Sie allmählich etwas Positives darin sehen? Können Sie inzwischen vielleicht sogar sagen, dass der Fehler für etwas gut war? Welcher Nutzen kann sich Ihrer Ansicht nach langfristig daraus ergeben? Haben Sie aus dem Fehler etwas Positives gelernt? Könnten unter Umständen auch andere von Ihrem Fehler profitieren?

Anders herum gefragt: Wie verhalten Sie sich zu den Fehlern anderer? Sind Sie manchmal darüber erstaunt, wie dumm die Menschen sein können, oder nehmen Sie eine mitfühlende und verständnisvolle Haltung ihnen gegenüber ein? Sagen Sie z. B. „Solche Dinge passieren halt“ oder „Es ist gut, dass es jetzt passiert ist; denn jetzt wissen wir, was wir das nächste Mal anders machen müssen …“?

Die Art, wie die Mitarbeiter eines Unternehmens sich zu Misserfolgen und Fehlern verhalten, hat einen großen Einfluss auf die Arbeitsatmosphäre und das Betriebsklima. Eines der Erfolgsgeheimnisse der Nokia-Gruppe ist angeblich der Tatsache zu verdanken, dass die Unternehmenspolitik eine positive Haltung zu Misserfolgen und Fehlern einnimmt. Wenn die Mitarbeiter keine Angst mehr davor haben, dass man ihnen wegen ihrer Fehler und Missgeschicke die Hölle heiß macht, dann können Kreativität, Experimentierfreude und Innovation gedeihen. Wenn jedoch die Situation genau umgekehrt ist, d. h. die Mitarbeiter Angst haben, Fehler zu machen, dann werden sie schnell ängstlich, übervorsichtig und reserviert.

Eine alte chinesische Geschichte erzählt von einem armen Bauern, der nichts mehr hatte als ein kleines Stück Land, einen Sohn und ein Pferd. Eines Tages ging das Pferd durch und galoppierte davon in die Berge. Die Dorfbewohner kamen zu dem Bauern und sagten: „Du armer Mann. Was für ein Unglück, dass du dein einziges Pferd verloren hast." Der Mann schüttelte den Kopf und erwiderte: „Sagt das nicht. In diesem Leben weiß man nie, was sich als Unglück oder als Glück erweist." Kurze Zeit später kam das Pferd mit einer ganzen Herde schöner Wildpferde im Schlepptau zurück. Als die Dorfbewohner die prächtigen Pferde sahen, wurden sie neidisch und sagten: „Du Glückskerl, was für ein Glück, solch großartige Pferde zu bekommen." Der Mann schüttelte den Kopf und erwiderte: „Sagt das nicht. In diesem Leben weiß man nie, was sich als Unglück oder als Glück erweist." Der Sohn des alten Mannes machte sich an die Arbeit, die Pferde zu zähmen. Eines Tages warf eines der Pferde den Jungen mit solcher Wucht vom Sattel, dass er sich das Bein brach und das Bett hüten musste. Die Dorfbewohner kamen zu dem Mann und sagten: „Du armer Mann. Was für ein Unglück für deinen Sohn, dass er verletzt ist und nicht arbeiten kann." Wieder schüttelte der Mann den Kopf und erwiderte: „Sagt das nicht. In diesem Leben weiß man nie, was sich als Unglück oder als Glück erweist." Kurz darauf brach Krieg im Königreich aus, und alle jungen Männer wurden zum Kampf einberufen. Der Sohn des Bauern war jedoch noch immer zu schwach, um sein gebrochenes Bein gebrauchen zu können, und es stellte sich heraus, dass er der einzige junge Mann war, der nicht zum Kriegsdienst einberufen worden war …

Eine andere Geschichte erzählt von zwei rivalisierenden finnischen Schuhmachern, die beide gleichzeitig nach Afrika gingen, um herauszufinden, ob sich der Export von Schuhen dorthin lohnen würde. Als der Erste wieder nach Hause zurückkehrte, lautete sein Kommentar: „Was für eine nutzlose Reise. Die Afrikaner tragen ja gar keine Schuhe." Als der Zweite ein paar Tage später zu Hause ankam, grüßte er seine Familie und Mitarbeiter begeistert und sagte: „Dort unten gibt es ganz bestimmt eine enorme Nachfrage nach Schuhen!"

Wie man auf Rückschläge, Misserfolge und Fehler anderer reagieren sollte

Wenn jemand Ihnen von seinen Rückschlägen erzählt, will er meistens von Ihnen wissen, was Sie von seinen Erfahrungen halten. Mit einem behutsamen Gespräch und sorgfältig gewählten Worten können Sie ihm helfen, über seine Rückschläge hinwegzukommen. Wenn aber Ihre Äußerungen in diesem Gespräch oberflächlich und unüberlegt sind, erweisen Sie dem anderen einen schlechten Dienst und erhöhen die Wahrscheinlichkeit, dass der Vorfall Sie noch länger begleiten wird.

Wenn man jemandem helfen möchte, der einen Rückschlag erlebt hat, ist die beste Vorgehensweise vielleicht die, dass man sich vorstellt, man würde ihm *nicht* helfen wollen. Das funktioniert folgendermaßen:

Sagen Sie dem Betreffenden klipp und klar, dass Sie an dem Vorkommnis nicht interessiert sind:

„Ich muss leider gehen – ich bin etwas in Eile."

„Das ist mir völlig schnuppe."

„Sie haben keine Ahnung, was mir selbst einmal passiert ist ...!"

Betrachten Sie den Vorfall als erledigt:

„Ach, das hat doch keine Bedeutung."

„Das ist noch gar nichts im Vergleich zu dem, was dem Soundso passiert ist!"

„Das passiert jedem irgendwann einmal."

„Sie müssen die Dinge eben nehmen, wie sie kommen."

Kritisieren Sie den Betreffenden dafür, wie er auf den Vorfall reagiert:

„Sie machen aus einer Mücke einen Elefanten."

„Sie nehmen das ein bisschen arg ernst, oder?"

„Warum blasen Sie diese Kleinigkeit denn so auf?"

„Das passiert doch jedem, und deshalb lohnt es sich überhaupt nicht, darüber nachzudenken."

Zeigen Sie sich überrascht, dass der Betreffende sich immer noch über den Vorfall aufregt:

„Und Sie regen sich immer noch darüber auf?"

„Wollen Sie den Rest Ihres Lebens damit verbringen, sich darüber zu grämen?"

„Warum können Sie das nicht einfach vergessen?"
„Sind Sie *immer* noch nicht darüber hinweg? Passiert ist passiert!"

Wenn Sie wollen, dass jemand über einen Rückschlag nicht hinwegkommt oder ein verletzendes Ereignis nicht vergessen kann, ist das der Weg, auf dem Sie dies erreichen. Wollen Sie aber jemandem wirklich beistehen und ihm in seiner unangenehmen Lage helfen, dann sollten Sie genau das Gegenteil tun. Mit anderen Worten:

Zeigen Sie Interesse, und hören Sie zu:
„Bitte erzählen Sie doch."
„Würden Sie mir den Vorfall bitte noch etwas ausführlicher schildern ...?"
„Ich bin im Moment etwas in Eile, aber heute Nachmittag stehe ich Ihnen zur Verfügung, und dann sagen Sie mir, was los war."

Akzeptieren Sie das emotionale Gewicht des Vorfalls:
„Es ist einfach schrecklich, dass so etwas passiert ist."
„Das würde mich auch wütend machen."
„Niemand wäre darüber erfreut, wenn ihm das passiert wäre."

Zeigen Sie dem Betreffenden Ihren Respekt davor, wie er auf den Vorfall reagiert hat:
„Alle Achtung, dass Sie so ruhig geblieben sind."
„Ich bin sicher, ich wäre schon aus der Haut gefahren!"
„Wie um alles in der Welt haben Sie es geschafft, dass sich die Sache nun trotzdem zum Guten wendet?"

Zeigen Sie Verständnis dafür, dass der Betreffende Zeit braucht, bis er den Vorfall überwunden hat:

„Jeder würde eine ganze Weile brauchen, um darüber hinwegzukommen."

„Es ist gut, dass Sie darüber sprechen können."

Anders gesagt: Wenn Ihnen jemand mitteilt, dass ihm etwas Unangenehmes widerfahren oder dass ihm etwas schief gegangen ist, und Sie ihm helfen wollen, sollten Sie ihm seine Reaktion auf den Vorfall nicht vorwerfen, sondern ihn emotional unterstützen. Zeigen Sie Verständnis dafür, dass er das Geschehene nicht so einfach ad acta legen kann. Sie können ihm auch sagen, dass es Ihnen in einem solchen Fall genauso schwer fallen würde, über das Ereignis hinwegzukommen. Bestätigen Sie ihn außerdem in seiner Art des Umgangs mit dem Vorfall, und überlegen Sie erst danach gemeinsam mit ihm, wie er die Angelegenheit so schmerzlos wie möglich hinter sich bringen kann.

Fragen für die Diskussion: Rückschläge

- Was meinen wir, wenn wir sagen „Es war einfach ein dummer Zufall", „Was uns nicht umbringt, macht uns stärker" oder „In allem findet sich etwas Gutes"?
- Warum haben die Menschen Angst davor, Fehler zu machen oder Irrtümer zu begehen?
- Wie sollte ein guter Vorgesetzter mit den Fehlern seiner Mitarbeiter umgehen?

- Warum können manche Menschen Rückschläge schneller wegstecken als andere?
- Welche Rolle spielen die Ansichten und Einstellungen der anderen, wenn jemand über einen erlittenen Rückschlag oder über ein Missgeschick hinwegzukommen versucht?
- Welche Rolle spielt der Humor, wenn man auf weit zurückliegende Misserfolge und Missgeschicke zurückschaut?
- Warum ist es für das eigene Wohlbefinden oft besser, wenn man mit anderen über seine Misserfolge und Missgeschicke spricht, als wenn man sie für sich behält?
- Manchmal muss man Misserfolge analysieren, um ihre genauen Ursachen herauszufinden. Manch andere Misserfolge sollte man einfach hinter sich lassen und vergessen. Doch woher weiß man, zu welcher Kategorie ein Misserfolg gehört?
- Welche Einstellung sollte man zu seinen Misserfolgen und Missgeschicken einnehmen, wenn man von der Erinnerung daran noch lange gequält werden *will*?
- Wie kann man jemandem helfen, seine Misserfolge zu verwinden?

8 Kritik

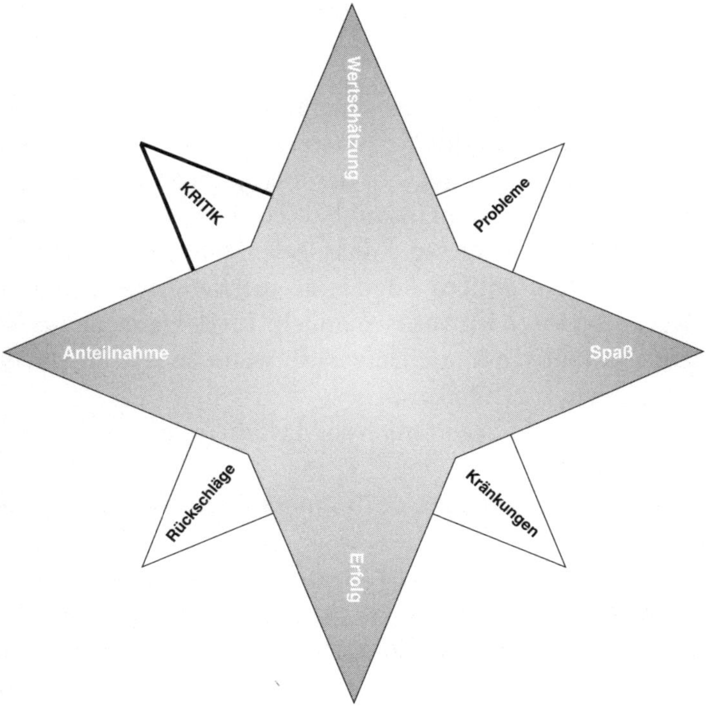
Wertschätzung
KRITIK
Probleme
Anteilnahme
Spaß
Rückschläge
Kränkungen
Erfolg

Kritische Rückmeldung geben

Es ist leichter, einen Ratschlag anzunehmen als Kritik.
Es ist leichter, einen Vorschlag anzunehmen als einen Ratschlag.
Es ist leichter, einen Wunsch anzunehmen als einen Vorschlag.

Kennen Sie jemanden, der eine ärgerliche Angewohnheit hat oder eine störende Charaktereigenschaft besitzt? Wenn ja, haben Sie jemals mit ihm darüber gesprochen? Wie hat er reagiert? War er Ihnen dankbar dafür, dass Sie seine Aufmerksamkeit auf diesen Punkt gelenkt haben, sodass er sein Verhalten ändern oder seine merkwürdige Eigenart ablegen konnte? Unwahrscheinlich! Im Allgemeinen geht man automatisch in die Defensive, wenn andere an einem etwas auszusetzen haben.

Ehefrau: „Es ärgert mich so, dass du immer mit vollem Mund sprichst."

Ehemann: „Du hast doch immer etwas an mir zu mäkeln."

Konstruktive Kritik zu üben ist gar nicht so einfach. Wenn man jemanden bittet, eine bestimmte Eigenart abzulegen oder sein Verhalten zu ändern, ist das eine sehr heikle Angelegenheit, denn man kann den Betreffenden ganz schnell vor den Kopf stoßen. Solch heiklen Dingen könnte man beispielsweise dadurch entgehen, dass man jeden Menschen so akzeptiert, wie er ist – aber das ist unrealistisch. Man befindet sich ständig in Situationen, in denen man auf andere Menschen einen gewissen Einfluss nehmen muss. Wenn sich jemand in einer unangenehmen oder inakzeptablen Weise verhält, muss ihm das gesagt werden. Unabhängig davon, wie sensibel und konstruktiv Sie jemanden wegen seines Verhaltens oder Handelns kritisieren, kann es Ihnen immer passieren, dass er die Kritik zurückweist. Es gibt zwar keine verbindlichen Regeln, wie man anderen kritisches Feedback gibt, aber es gibt einige Prinzipien, die man als Kritisierender beachten sollte, weil der andere bei diesem Vorgehen Kritik besser aushalten und annehmen kann.

Diese Prinzipien lauten folgendermaßen:

Wenn Sie sich über eine Charaktereigenschaft eines Menschen ärgern, sollten Sie überlegen, was Sie an seinem Tun *konkret stört:*

Es ist leichter, Verhaltens- oder Handlungsweisen zu ändern als Charaktereigenschaften oder Persönlichkeitsmerkmale oder Einstellungen.

Überlegen Sie sich eine positive Erklärung für das Verhalten des anderen:

Man kann die Handlungsweise eines anderen Menschen beeinflussen, wenn man Verständnis dafür zeigt, dass er nun mal so handelt, wie er handelt.

Überlegen Sie sich, welches Verhalten Sie vom anderen wünschen und wie sich dieses von seinem bisherigen Verhalten unterscheidet:

Weil es leichter ist, etwas Neues anzufangen, als eingefahrene Gewohnheiten abzulegen, sollten Sie Ihre Kritik in eine Hoffnung verwandeln, bevor Sie das Thema ansprechen. (Mehr darüber steht im 5. Kapitel.)

Schlagen Sie dem anderen eine neue Handlungsweise vor:

Wenn man jemandem eine neue – und vielleicht *richtige* – Handlungsweise vorschlägt oder ihn um ein anderes Verhalten bittet, kann er dies leichter annehmen, als wenn man ihn dafür kritisiert, was er alles *falsch* macht.

Besprechen Sie mit dem Betreffenden die Vorteile, die mit der Änderung seines Verhaltens verbunden sind:

Die meisten Menschen sind motivierter, wenn man ihnen die Vorteile einer neuen Handlungsweise demonstriert, als wenn man ihnen die Nachteile oder Gefahren ihrer alten Handlungsweise vor Augen führt.

Lassen Sie den anderen wissen, dass er Ihrer Ansicht nach seine Handlungsweise ändern wird:

Die meisten Menschen glauben daran, dass sie ihre Handlungsweise ändern oder sich ein anderes Verhalten angewöhnen können, wenn sie sehen, dass auch andere an die Veränderung glauben.

Entwickeln Sie mit dem Betreffenden eine Strategie, wie er die neue Handlungsweise umsetzen kann:

Neue Handlungsweisen zu erlernen erfordert nicht nur Übung, sondern auch …

Inspirieren und motivieren Sie die anderen, den Betreffenden in seinen Fortschritten zu bestärken:

… positive Rückmeldung von den anderen. (Mehr darüber steht im 3. Kapitel.)

Im nun folgenden Beispiel wird dieses Vorgehen veranschaulicht und jede einzelne Phase erläutert.

Sie ärgern sich über die Tatsache, dass Sie sich auf Ihren Kollegen nicht verlassen können. Er hat die Angewohnheit, auf alle Ihre Vorschläge und Bitten mit einem „Ja, wird erledigt" zu reagieren, und anschließend kümmert er sich nicht um die Einhaltung seiner Zusagen. Wenn Sie ihm offen und ehrlich sagen, dass Sie ihn für unzuverlässig halten, beleidigen Sie ihn, und das Problem könnte danach noch größer werden. Überlegen Sie stattdessen, was er konkret *tut*, das nicht in Ordnung ist. Konzentrieren Sie sich auf die Tatsache, dass er die Aufgaben nicht erledigt, die auszuführen er zugesagt hat.

Wenn Sie sich über eine Charaktereigenschaft eines Menschen ärgern, sollten Sie überlegen, was Sie an seinem Tun *konkret stört:*

Weshalb verhält sich Ihr Kollege auf diese Weise? Über die Gründe dafür können Sie sich Gedanken machen. Könnte es sein, dass er zu viel Arbeit hat? Vielleicht nicht, aber könnte es sein, dass er bei den ihm übertragenen Aufgaben keine Prioritäten setzen kann? Könnte es sein, dass er persönliche Sorgen hat? Oder versteht er vielleicht manchmal nicht richtig, was ihm aufgetragen wird? Sind Sie möglicherweise etwas nachlässig, wenn Sie Aufgaben verteilen? Leisten Sie zu dem Problem eventuell auch einen Beitrag? Vielleicht gibt es in seinem Arbeitsumfeld noch einen weiteren Faktor, der das Problem erklären könnte. Den Grund für die Unzuverlässigkeit des anderen können Sie nicht eindeutig identifizieren, aber Ihr Ärger verfliegt etwas, wenn Sie eine plausible Erklärung für sein Verhaltens suchen können und nicht nur seine Unzuverlässigkeit sehen müssen.

Überlegen Sie sich eine positive Erklärung für das Verhalten des anderen:

Sie wissen also, wie Ihr Kollege sich *nicht* mehr verhalten soll. Doch bevor Sie mit ihm über das Problem sprechen, sollten Sie eine klare Vorstellung davon haben, was er Ihrer Ansicht nach machen *soll*. Vielleicht wünschen Sie, dass er einen Zeitplan aufstellt, nach dem er die ihm übertragenen Aufgaben erledigt. Vielleicht wünschen Sie auch, dass er Ihnen immer mitteilt, wenn er diesen Zeitplan nicht einhalten kann.

Überlegen Sie sich, welches Verhalten Sie vom anderen wünschen und wie sich dieses von seinem bisherigen Verhalten unterscheidet:

Wenn Sie mit Ihrem Kollegen über das Problem sprechen, sollten Sie Wörter wie z. B. „unzuverlässig" vermeiden und auch nicht thematisieren, was genau Sie an seinem Verhalten stört. Konzentrieren Sie sich – so, als ob es nicht um ein Problem ginge – darauf, ihm Ihre Vorstellung seines zukünftigen Verhaltens mitzuteilen. Der Grund, weshalb Sie das Problem nicht explizit formulieren müssen, ist der, dass Sie ihm mit Ihrem Vorschlag bereits implizit mitteilen, dass Sie ein Problem mit seinem Verhalten haben – und dies wird er schon realisieren. Sagen Sie z. B.: „Ich fände es gut, wenn wir bei den anfallenden Arbeiten nach einem klaren Zeitplan vorgingen. Was halten Sie davon? Damit die Dinge auch rechtzeitig erledigt werden, sollten wir uns darauf verständigen, dass Sie mir sagen, wenn Sie sich aus welchen Gründen auch immer nicht an den vereinbarten Zeitplan halten können."

Schlagen Sie dem anderen eine neue Handlungsweise vor:

Für Ihren Vorschlag müssen Sie auch eine Rechtfertigung bereithaben. Sie können Ihrem Kollegen zwar erklären, wie ärgerlich es für Sie und die ganze Firma ist, wenn er seine Arbeit nicht pünktlich erledigt. Doch dies wäre eine schlechte Vorgehensweise, weil der andere dies sehr leicht als Kritik auffassen könnte. Statt das Negative hervorzuheben, wäre es viel besser, wenn Sie ihm die *Vorteile* Ihres Vorschlags verdeutlichten. „Wenn wir uns auf einen Zeitplan einigen, können wir unsere Angebote pünktlich wegschicken, und das verschafft uns einen guten Ruf", oder: „Informieren Sie mich rechtzeitig, wenn Sie den Zeitplan nicht einhalten können. Dann findet sich bestimmt jemand, der Ihnen bei der Arbeit hilft." Sie können natürlich noch weitere Vorteile aufzählen, aber eine noch bessere Idee ist es, ihn zu fragen: „Glauben Sie, ein solcher Zeitplan hätte noch weitere Vorteile?"

Besprechen Sie mit dem Betreffenden die Vorteile, die mit der Änderung seines Verhaltens verbunden sind:

Wenn sich Ihr Kollege mit dem Vorschlag des zukünftigen Arbeitsablaufs einverstanden zeigt, sollten Sie ihn in dem Glauben bestärken, dass er das Vorhaben realisieren kann. Fragen Sie ihn nicht: „Werden Sie die Ihnen übertragenen Aufgaben in Zukunft auch wirklich rechtzeitig erledigen?" Lassen Sie ihn stattdessen wissen, dass Sie an seine Zuverlässigkeit glauben: „Mir ist schon klar, dass es in der Hektik manchmal nicht so leicht ist, Zeitpläne einzuhalten oder Prioritäten zu beachten. Aber ich weiß, dass Sie mit dem neuen System zurechtkommen, denn Sie sind ja erfinderisch und lassen nicht locker", oder „Ich bin mir sicher, das wird gut laufen; denn gemeinsam finden wir einen Weg, wie wir unseren Plan einhalten." Sie können ihn auch fragen, was er von dem vorgeschlagenen Zeitplan hält: „Was halten Sie davon? Glauben Sie, er wird funktionieren?"

Lassen Sie den anderen wissen, dass er Ihrer Ansicht nach seine Handlungsweise ändern wird:

„Wie können wir diesen Zeitplan nun in die Tat umsetzen? Was schlagen Sie vor?"

„Meinen Sie, wir sollten eine Strategie entwickeln und alle anfallenden Aufgaben nach Prioritäten ordnen?"

„Was halten Sie davon, wenn wir eine Woche lang einen Probelauf machen und uns anschließend zusammensetzen und über unsere Erfahrungen mit dem Zeitplan sprechen?"

„Wir könnten auch Bob fragen, wenn wir nicht weiterwissen. Er kann Arbeiten und Aufgaben gut nach Prioritäten ordnen."

Entwickeln Sie mit dem Betreffenden eine Strategie, wie er die neue Handlungsweise umsetzen kann:

Wünschenswert wäre natürlich, dass eine Veränderung schon nach dem ersten Versuch eintritt. Doch die meisten Menschen brauchen immer wieder positive Rückmeldung, damit eine zeitweilige Änderung ihrer Handlungsweise zu einem dauerhaften Sinneswandel wird. Zum Beispiel: „Die Dinge liefen genau wie geplant! Ihre Methode funktioniert tatsächlich!", „Es freut mich sehr, dass Sie in letzter Zeit alle Angebote pünktlich rausschicken. Halten Sie es für möglich, dass dazu vielleicht auch Bob mit seinem Sinn für Prioritätensetzung beigetragen hat?“ Wenn Sie die Fortschritte des anderen lobend erwähnen, sorgen Sie dafür, dass sich die in Gang gekommene positive Entwicklung fortsetzt.

Geben Sie dem anderen positive Rückmeldung über seinen Fortschritt, und ermutigen Sie auch andere dazu, ihn zu loben:

Man kann anderen kritisches Feedback auf eine konstruktive Weise geben, wenn man zu folgender Einstellung gelangt:

- Die meisten Menschen sind nach einer kritischen, aber konstruktiven Aussprache grundsätzlich bereit, ihr Verhalten oder Handeln entsprechend zu ändern – wenn sie verstehen, was man von ihnen erwartet.
- Menschen verhalten sich nicht deshalb inakzeptabel, weil sie halt so *sind* (z. B. grob, egoistisch, unbeweglich, unfähig, ohne Unternehmungsgeist, niederträchtig usw.), sondern weil sie nicht wissen, verstehen oder daran denken, wie sie sich anders verhalten oder wie sie anders handeln sollen.
- Das Thema, wie man anderen ihre Fehler oder Unzulänglichkeiten vor Augen führen kann, ist ein weites Feld. Konstruktiv vorgetragene Kritik ist eine gute Voraussetzung dafür, dass sich der Kritisierte zur Veränderung bereit erklärt; kränkendes Feedback kann die Situation dagegen verschlimmern.
- Die meisten Menschen wissen sehr wohl, was sie falsch oder schlecht machen; nur wissen sie oft nicht, wie sie etwas zum Besseren verändern können.

- Wenn man jemandem die positiven Aussichten der Veränderung aufzeigt, findet er meistens viel schneller innovative Wege zur Veränderung, als wenn dies nicht geschieht.

Konstruktive versus offensive Kritik

In der folgenden Auflistung werden zwei Arten der Geisteshaltung veranschaulicht, die konstruktive bzw. potenziell destruktive Konsequenzen haben. Die Antworten in der *linken Spalte der Aufzählung stellen konstruktive Kritik* dar, und die Antworten in der *rechten Spalte repräsentieren die Art von Kritik, die den anderen leicht ärgern und in die Defensive treiben kann.*

Teams oder Arbeitsgruppen, deren Mitglieder nach diesem Modell miteinander umgehen, entwickeln einen scharfen Blick für die Platzierung „korrigierender“ Kritik und verbessern dadurch ihr Potenzial und das Arbeitsklima. Die *linke* Spalte steht für konstruktive Kritik; die *rechte* Spalte steht für offensive Kritik.

Wie denken wir über die Motivation der Menschen und ihre Fähigkeit zur Veränderung?

Die meisten Menschen wollen sich verändern und entwickeln, aber sie wissen oft nicht, wie das geht.	Menschen wollen sich grundsätzlich nicht ändern und widersetzen sich der Veränderung um jeden Preis.

Es ist vollkommen normal, dass Menschen, die kritisiert werden, die Kritik zuerst einmal übel nehmen und ihr Verhalten verteidigen.	Die Menschen können generell keine Kritik vertragen und verteidigen verbissen ihr Verhalten, selbst wenn sie wissen, dass sie im Unrecht sind.
Der Weg zur Veränderung ist lang und bringt zeitweilig Rückschläge mit sich.	Veränderungen sind oft nur vorübergehend, und im Handumdrehen sind die Menschen wieder in ihrem alten Handlungsmuster.

Was wollen wir erreichen, wenn wir kritisches Feedback geben?

Wir wollen den Menschen nicht nur helfen, dass sie an ihrem Arbeitsplatz ihr Potenzial ausschöpfen und dabei erfolgreich sind, sondern dass sie auch bessere Möglichkeiten der Kooperation entwickeln.	Wir wollen so schnell wie möglich das Problem beseitigen.

Geben wir die Quelle der Kritik preis?

Wir sind ehrlich, weil wir überzeugt sind, dass ein offenes Gespräch über das Problem allen Beteiligten hilft.	Wir geben dem Kritisierten die Quelle der Kritik häufig nicht preis, weil wir nicht wollen, dass der „Informant" später dafür büßen muss.

Zu welchem Zeitpunkt bringen wir die Kritik vor?

Wir machen mit dem Betreffenden einen Zeitpunkt für ein Gespräch aus, um die Angelegenheit mit ihm zu diskutieren.	Zuerst ertragen wir das Verhalten des anderen mit Geduld und schließen die Augen vor dem Problem, und wir sprechen erst dann mit dem Betreffenden, wenn wir die Situation nicht mehr aushalten können.

Wer bringt die kritische Rückmeldung vor?

Kritische Rückmeldung wird vorzugsweise von einer einzigen Person oder einer sehr kleinen Gruppe vorgebracht. Selbst wenn die Kritik gerechtfertigt ist, können die Betroffenen es sehr leicht übel nehmen, wenn sie im Beisein anderer kritisiert werden.	Die anderen werden von jedem gelobt oder kritisiert, der gerade zufällig anwesend ist. Wir sollten über alles reden können, und die anderen sollten lernen, Kritik anzunehmen.

Wie können wir jemandem sagen, dass uns ein bestimmter Aspekt seines Verhaltens stört?

Die meisten Menschen wissen genau, was sie *nicht* tun sollten. Also spricht man besser mit ihnen darüber, was sie *tun* sollen.	Wir sagen dem Betreffenden ohne Umschweife, was er falsch macht.

Wie rechtfertigen wir die Notwendigkeit der Veränderung?

Wir überlegen gemeinsam mit dem Betreffenden, inwieweit er selbst wie auch die anderen davon profitieren würden, wenn er die Veränderungsvorschläge annähme.	Wir machen dem Betreffenden klar, wie ärgerlich es für uns ist, wenn er sich weiterhin so verhält wie bisher.

Wie motivieren wir den Betreffenden, unsere Vorschläge anzunehmen?

Wir weisen darauf hin, dass in dieser Hinsicht bereits Fortschritte erzielt worden sind, und erklären dem Betreffenden, weshalb unserer Überzeugung nach die Veränderung erfolgreich sein wird.	Wir betrachten den Betreffenden als erwachsene und verantwortliche Person, die problemlos ohne besondere Unterstützung oder Ermutigung vonseiten anderer allein klar kommen kann.

Wie bringen wir unseren Vorschlag vor?

Nach Möglichkeit fragen wir den Betreffenden, was *er* vorschlagen würde. Wir begrüßen seine Vorschläge und motivieren ihn, diese auf seinem Weg zur Lösung sinnvoll zu realisieren.	Wir führen dem Betreffenden deutlich vor Augen, welches Verhalten wir von ihm erwarten.

Wie stellen wir sicher, dass der Betreffende unsere Vorschläge annimmt?

Wir fragen ihn, wie wir ihn bei der neuen Vorgehensweise unterstützen können.	Wir vereinbaren mit ihm, dass jemand ihn beaufsichtigt, damit sichergestellt ist, dass er seine Aufgaben auch tatsächlich erledigt.
Wir vereinbaren mit dem Betreffenden einen späteren Termin für ein kurzes Gespräch, in dem wir uns über die Erfahrungen mit der neuen Vorgehensweise austauschen.	Wir setzen eine Bedingung, d. h., wir geben dem Betreffenden zu verstehen, dass etwas Unangenehmes passieren wird, wenn er so weitermacht wie bisher.
Wir entwickeln gemeinsam mit dem Betreffenden eine Art Methode, mit der wir die neue Vorgehensweise testen können.	Der Betreffende muss uns beweisen, dass er sich ändern kann und die neue Vorgehensweise beherrscht.
Wenn der Betreffende Schwierigkeiten mit der neuen Vorgehensweise haben sollte, bitten wir ihn um *seine* Vorschläge zur Lösung des Problems.	Wenn nach einer Weile keine Veränderung eintritt, geben wir resigniert den Versuch auf und überlassen klügeren oder „überzeugenderen" Menschen das Feld.

Wie „überwachen" wir den Fortschritt des Betreffenden, nachdem wir ihm unser Feedback gegeben haben?

Wir achten auf Fortschritte und zeigen dem Betreffenden unsere Anerkennung dafür.	Wir beobachten, ob die Veränderung dauerhaft oder nur vorübergehender Natur ist.

Wie sehen wir die „Tatsache“, dass der Betreffende sein Verhalten nicht ändert, obwohl er mehrere Male dazu aufgefordert worden ist?

Gewohnheiten und Geisteshaltungen zu ändern ist zwar für alle schwierig, aber trotzdem könnte sich in der individuellen Situation des Betreffenden eine Erklärung dafür finden, weshalb die Veränderung ihm so schwer fällt. Vielleicht er hat er die neue Arbeitsweise noch nicht gelernt, oder vielleicht hindern seine Lebensumstände ihn daran, sich anders zu verhalten. Das Problem, wieso sich jemand so und nicht anders verhält, ist nicht annähernd so interessant wie die Frage, wie man ihm zur Veränderung helfen kann.	Es könnte sein, dass der Betreffende nicht qualifiziert ist; dass er kritische Rückmeldung nicht akzeptieren will; dass er mit anderen nicht zusammenarbeiten kann; dass er kein Pflichtgefühl hat; dass er die Dinge auf die leichte Schulter nimmt; dass er unsensibel ist; dass seine sozialen Fähigkeiten unterentwickelt sind; dass er der übertragenen Aufgabe nicht gewachsen ist; oder dass er einfach die falsche Person für diese Arbeit ist. Die Antwort kann sich jeder selbst aussuchen.

Wie sollte der Betreffende das Feedback erleben?

„Ich hatte eine Sitzung, in der über meine Arbeit gesprochen wurde.“	„Ich bekam zu hören, wie schlecht ich meine Arbeit mache.“
„Er scheint wegen mir beunruhigt zu sein und will mir helfen.“	„Man hat mir eine Standpauke gehalten.“

„Er scheint meine Arbeit zu schätzen."	„Er schätzt mich nicht und will mich wahrscheinlich rausschmeißen."
„Ich bekam gute Ratschläge und Vorschläge."	„Er muss glauben, dass ich ein reichlich unbrauchbarer Mitarbeiter bin."

Kritische Rückmeldung annehmen

„Können Sie Kritik annehmen?"
„Kann ich, wenn sie gut begründet ist."
„Und wenn sie das nicht ist?"

Gut begründete Kritik anzunehmen ist nicht unmäßig schwer. Doch der Härtetest Ihrer Fähigkeit, Kritik zu akzeptieren und anzunehmen, kommt dann, wenn Sie mit unbegründeter Kritik umgehen müssen.

Die Fähigkeit, Kritik zu akzeptieren und anzunehmen, muss man erst erwerben; denn instinktiv verteidigt man sich, wenn man kritisiert wird. In die Defensive gehen ist eine völlig normale menschliche Reaktion, die aber die Kommunikation mit dem Kritiker verkompliziert. Wenn der Kritisierte sich verteidigt oder wehrt, gewinnt der Kritiker schnell den Eindruck, dass der andere ihm nicht zuhört. Im schlimmsten Fall gelangt der Kritiker zu der Einsicht, dass der andere unfähig oder nicht bereit ist, Kritik zu akzeptieren und anzunehmen.

Mitarbeiter im Kundenservice sind im Allgemeinen sehr geschickt darin, mit Kritik (selbst wenn sie völlig ungerechtfertigt ist) umzugehen. Sie wissen, dass nur bestimmte Reaktionen auf Kritik ein gutes Ergebnis für alle Beteiligten sichern können:

Hören Sie dem Betreffenden zu, der Kritik vorbringt.

Danken Sie dem Kritisierenden dafür, dass er Sie auf das Problem aufmerksam gemacht hat.

Überlegen Sie gemeinsam mit dem Kritisierenden, wie man das Problem am besten löst.

Überlegen Sie gemeinsam mit dem Kritisierenden auch, wie ähnliche Situationen in Zukunft vermieden werden können.

Die Fähigkeit, Kritik zu akzeptieren und anzunehmen, lohnt sich zu erwerben, weil das Leben einem so viele Gelegenheiten bietet, diese Fähigkeit – sowohl im beruflichen Leben als auch im Privatleben – zu testen.

Im Folgenden beschreiben wir, wie man in sechs Phasen Kritik erfolgreich annehmen kann.

1. Hören Sie zu!

Verteidigen Sie sich nicht (auch wenn Sie das vielleicht gerne wollten):

„Schießen Sie los."

„Ich bin ganz Ohr."

„Es interessiert mich, was Sie zu sagen haben."

„Sagen Sie mir doch, woran es klemmt."

2. Danken Sie!

Danken Sie dem Kritisierenden, dass er Sie über das Problem informiert hat:

„Es ist mir wichtig, ein ehrliches Feedback zu bekommen."

„Ich bin Ihnen dankbar, dass Sie mir das jetzt offen und ehrlich gesagt haben."

„Eigentlich mag ich Ihren aggressiven Ton ja nicht, aber ich bin froh, dass Sie darüber gesprochen haben."

3. Akzeptieren Sie die emotionale Reaktion!

Zeigen Sie Verständnis für die emotionale Reaktion des Kritisierenden:

„Ich verstehe vollkommen, dass Sie sich über die Situation aufregen."

„Es überrascht mich nicht, dass Sie wütend sind."

„Ich wäre auch etwas verwundert, wenn mir das passieren würde."

4. Entschuldigen Sie sich für das Geschehene!

Sagen Sie klipp und klar, dass Ihnen der Vorfall Leid tut:

„Es tut mir Leid, was geschehen ist."

„Es tut uns wirklich Leid, dass dies passieren konnte."

5. Machen Sie die Kritik zu einer Hoffnung, die erfüllt werden kann!

Vergewissern Sie sich, dass Sie die Erwartungen des Kritisierenden richtig einschätzen:

„Was soll ich Ihrer Meinung nach in Zukunft tun, wenn so etwas wieder passiert?"

„Wenn ich Sie recht verstanden habe, soll ich ..., wenn das noch einmal passiert ..."

„Ich habe den Eindruck, es wäre Ihnen recht, wenn ich ..."

„Ich habe mir diesen (kritischen) Bericht genau angeschaut. Dabei sind mir sechs Punkte aufgefallen, die ich vermutlich beherzigen soll. Ist das richtig?"

6. *Treffen Sie mit dem Kritisierenden eine Vereinbarung!*
Treffen Sie mit dem Kritisierenden auf jeden Fall eine Vereinbarung:

„Ich werde mein Bestes tun. Sind wir uns einig, dass von nun an ..."

„Wir sollten uns in einer Woche wieder treffen und schauen, ob sich die Dinge inzwischen gebessert haben."

„Sie müssen mir versprechen, dass Sie mich in dieser Angelegenheit sofort informieren, wenn Grund dazu besteht."

Fragen für die Diskussion: Kritik

- Welche Art des Kritisierens ist besonders kränkend?
- Welche Art der Kritik kann als „konstruktiv " bezeichnet werden?
- In welchen Situationen sollte man am besten keine Kritik üben?
- Sie wollen jemanden nicht kritisieren, hätten aber gerne, dass er sein Verhalten ändert. Was können Sie statt dessen tun?
- Es ist viel leichter, Ratschläge und Wünsche anzunehmen, als Kritik. Warum?
- Wie sollten wir grundsätzlich auf kritische Rückmeldung, Vorwürfe und Zurechtweisungen reagieren?
- Warum fällt es vielen Menschen schwer, Kritik zu akzeptieren und anzunehmen?

- Warum kann der eine relativ leicht kritisches Feedback annehmen, während sich der andere schwer damit tut?
- Welche Art von Kritik darf jeder zu Recht ignorieren?

Reteaming unter dem Twin Star

Reteaming ist ein lösungsorientierter Ansatz zur Persönlichkeits- und Organisationsentwicklung, der von den Autoren dieses Buches erarbeitet worden ist. Weitere Informationen über Reteaming finden Sie unter der Internet-Adresse www.reteaming.com.

Mit dem Instrument des Twin Stars können Sie Arbeitsgruppen und Teams entwickeln und das psychische Wohlbefinden ihrer Mitglieder fördern. Der folgende Vorschlag zeigt, wie Sie das schaffen.

1. Vereinbaren Sie in Ihrer Gruppe, dass sich alle mit einem bestimmten Aspekt des Twin Stars vertraut machen und dazu das jeweilige Buchkapitel lesen.
2. Diskutieren Sie den von Ihnen bzw. Ihrer Gruppe ausgewählten Aspekt gemeinsam. Befassen Sie sich dabei auch mit den am Ende eines Kapitels stehenden „Fragen für die Diskussion“.
3. Entwickeln Sie – im Rahmen eines Projekts – Ihre Gruppe in die Richtung des ausgewählten Aspekts. Gehen Sie dabei nach den einzelnen Schritten der Reteaming-Methode vor, wie sie im Folgenden beschrieben wird.

1. Wählen Sie eine „Zacke“ des Twin Stars aus

Entscheiden Sie sich für einen Aspekt des Twin Stars, und beginnen Sie Ihre Gruppe in diese Richtung zu entwickeln.

2. Beschreiben Sie den Idealzustand

Stellen Sie sich vor, der Erfolg hat sich innerhalb eines Jahres eingestellt. Wie werden sich die Ergebnisse in der Praxis niederschlagen? Wie wird Ihr Team nun funktionieren? Entwickeln Sie für sich ein möglichst detailliertes ideales Szenario der Situation. Denken Sie daran, Ihre doppelt negativen Aussagen in positive Aussagen umzuwandeln (siehe S. 79 f.).

3. Zählen Sie die Vorteile auf

Denken Sie an die Vorteile, die mit der Realisierung der Entwicklung Ihres Teams verbunden sind. Listen Sie für sich und für die anderen so viele Vorteile wie möglich auf.

4. Antizipieren Sie die einzelnen Fortschritte

Stellen Sie sich vor, wie Sie das gesetzte Ziel erreichen und wie sich in diesem Prozess allmählich Fortschritte einstellen. Welche Zwischenschritte nehmen in dieser Entwicklung für Sie Gestalt an?

5. Gestehen Sie sich ein, dass es kein einfacher Prozess sein wird

An Ihr Ziel zu gelangen ist bestimmt kein Spaziergang. Identifizieren Sie ein paar Faktoren, die den Weg zu Ihrem Ziel eventuell schwierig machen.

6. Erkennen Sie Ihre Gründe, weshalb Sie Vertrauen in den Prozess haben

Was führt sie zu der Überzeugung, dass Sie – komme, was wolle – das Ziel, d. h. die Entwicklung Ihres Teams, erreichen? Suchen Sie so viele Gründe wie möglich, weshalb Sie an Ihren Erfolg glauben.

7. Machen Sie Versprechungen

Planen Sie spezifische Maßnahmen, die alle Beteiligten allein bzw. in kleinen Gruppen zur Erreichung des Ziels durchführen. Versprechen Sie den Beteiligten, dass Sie vor der nächsten Sitzung bestimmte Schritte in Richtung Ziel unternehmen.

8. Bereiten Sie sich auf Rückschläge vor

Grundsätzlich sollten Sie darauf vorbereitet sein, dass der Fortschritt eine Schnecke ist und sich nicht automatisch einstellt. Sie müssen mit Rückschlägen und Enttäuschungen darüber rechnen, dass sich die Dinge weniger schnell ändern als erhofft.

9. Überwachen Sie Ihren Fortschritt

Überwachen Sie den Fortschritt, und achten Sie dabei auch auf kleinste Anzeichen der Entwicklung. Halten Sie alle Maßnahmen, die Sie zur Erreichung des Ziels durchgeführt haben, in einem „Logbuch“ fest.

10. Feiern Sie den Fortschritt

Machen Sie die schon erzielten Fortschritte zum Gesprächsthema. Seien Sie stolz auf sich, und geben Sie sich gegenseitig Anerkennung dafür, dass Sie mit der Entwicklung Ihres Teams auf dem Weg zum Ziel sind.

Und schließlich

Wenn Sie in Bezug auf den „bearbeiteten“ Aspekt Ihr Ziel erreicht haben oder Ihrem Ziel schon nahe sind, wählen Sie einen anderen Aspekt des Twin Stars aus und wiederholen die einzelnen Schritte.

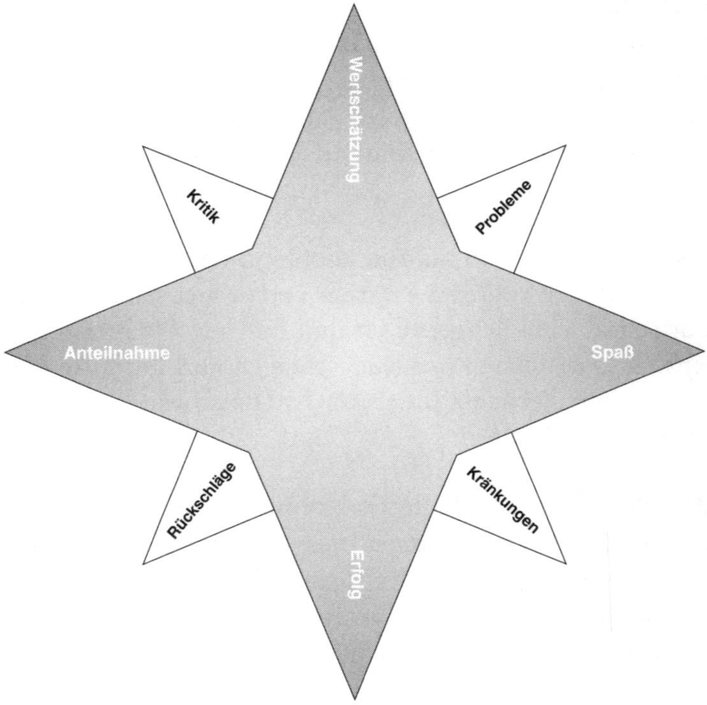

Mögliche Antworten für die Übung auf Seite 86

1. Wir könnten hier einiges tun, damit alle zufriedener sind. Hat jemand einen Vorschlag, womit wir anfangen sollen?
2. Wenn du morgen dein Bett machst, bevor du zur Schule gehst, gibt es am Abend eine kleine Überraschung für dich – die ist natürlich streng geheim.

3. Ich fände es toll, wenn du das einmal allein machen würdest. Falls ich es dann nicht merken sollte, darfst du mir auf die Finger klopfen.
4. Es wäre schon schön, wenn wir manchmal eine positive Rückmeldung von unserem Chef bekämen.
5. Ich habe an einem Kurs über positives Denken teilgenommen, und da haben wir genau über die Dinge gesprochen, die uns hier auch bewegen.
6. Die Rechnungen müssen noch am Ausstellungstag verschickt werden. Wie können wir das sicherstellen? Was schlagen Sie vor?
7. Ich finde, wir sollten unsere Kunden vor den Gesprächsterminen zuverlässig über uns informieren.
8. Alle sollten beachten: Wenn das Toilettenpapier aufgebraucht ist, muss man eine neue Rolle hinhängen.

Die Kunst, Arbeitsatmosphäre und Betriebsklima zu verbessern

Keine leichte Kunst. Denn Bemühungen, die Qualität der Atmosphäre im Betrieb zu verbessern, erweisen sich schnell als Fehlschläge, und die erhoffte Zufriedenheit am Arbeitsplatz stellt sich nicht ein.

Dieses Buch bietet einen gesunden Ansatz, wie man das Arbeitsklima in Unternehmen und Organisationen so entwickeln kann, dass die Mitarbeiter nicht unter den in unserer Gesellschaft weit verbreiteten Phänomenen Stress, Burn-out-Syndrom und Erschöpfung leiden müssen.

Es ist höchste Zeit, dass wir aufhören, über die krank machenden Bedingungen des beruflichen Alltags zu lamentieren, und dass wir konkret etwas dagegen unternehmen. Sie werden feststellen, dass dieses Buch ein unentbehrlicher Ratgeber auf diesem Gebiet ist.

Über die Autoren

Ben Furman, Psychiater und Psychotherapeut, ist Mitbegründer des Helsinki Brief Therapy Institute und Autor mehrerer Bücher, die zum Teil auch auf Deutsch erschienen sind. Gemeinsam mit Tapani Ahola leitet er das Internationale Reteaming-Netzwerk (www.reteaming.com).

Tapani Ahola ist Sozialpsychologe und arbeitet seit 1985 als Supervisor, Berater, Dozent, Ausbilder und Betreuer. Er ist ein bekannter Experte und Innovator auf dem Gebiet der lösungsorientierten Kommunikation.

Manfred Prior

MiniMax-Interventionen

15 minimale Interventionen
mit maximaler Wirkung

98 Seiten, Kt
4. Aufl. 2004
ISBN 3-89670-401-X

Manfred Prior stellt in diesem Band 15 zielgerichtete „Nebenbei-Interventionen" vor, die ein gemeinsames Ziel verfolgen: mit minimalem Aufwand maximale Wirkung in einer Therapie zu erzielen. Die MiniMax-Interventionen lassen sich beiläufig in die unterschiedlichsten Therapie- und Beratungsformen einbauen und sind schnell und von jedermann erlernbar. Klare Beschreibungen und griffige Beispiele erleichtern die schnelle Aufnahme und Umsetzung des Gelernten.

„Dieses kleine Brevier der Sprache könnte jedem Therapeuten, aber auch allen anderen, die Menschen Hilfe anbieten, zum Katechismus werden. Kurz, humorvoll und einprägsam wird hier zusammengefasst, was einem die Verständigung leicht macht."

Prof. Dr. Dirk Revenstorf

www.carl-auer.de

MiniMax-Interventionen